Karin Walz
Das Oberfeld in Darmstadt

Karin Walz

# Das Oberfeld in Darmstadt

Eine Stadt und ihr Feld

# Ein Danke an …

Vielen Darmstädtern liegt das Oberfeld am Herzen. Sie kümmern sich um Landwirtschaft, die Natur, die Ökologie, die Kunst, die Geschichte. Ohne die Unterstützung und Mitarbeit dieser Oberfeld-Liebhaber wäre dieses Buch nie zustande gekommen. Für Gespräche, Materialien und Informationen, für Geduld und Zeit geht mein herzlichster Dank an:

Renate Axt
Friededore Abt-Voigt
Tanja Baer
Siegbert Bergmann
Bettina Breuer
Roswitha Ehnes
Peter Engels
Horst Fischer
Thomas Göbel
Wolfgang Heine
Nikolaus Heiss
Achim Held
Klaus Honold

Gisela Immelt
Günther Jockel
Klaus-Dieter Jung
Ingrid Keller
Friedrich Knieß
Detlef Kraft
Rita Latocha
Karl-Friedrich Ober
Günter Pleil
Klaus Plischke
Vera Röhm
Arnulf Rosenstock
Wolfgang Schindler

Iris Stromberger
Olivera Vucic-Pestic
Claus Völker
Reiner und Andrea Weischedel
Hans Peter Wollmann

Zu einem bereits verabredeten Gespräch mit Eberhard Vierling kam es leider nicht mehr. Eberhard Vierling ist im Sommer 2010 verstorben.

# Inhalt

**Summerabends** .................................................................................................................... 9

**Ein besonderer Ort** ............................................................................................................ 10

**Das Oberfeld im Wandel der Zeit** ..................................................................................... 14

    Dreibrunnenquelle und Meiereibach ............................................................................ 18

    Wildschutzanlagen am Oberfeld .................................................................................. 22

    Flurnamen .................................................................................................................. 30

    Großer Acker – Kleine Gärten ..................................................................................... 32

    Die wandernden Schafe .............................................................................................. 44

**Von der großherzoglichen Meierei zur ökologischen Landwirtschaft AG** ........................ 47

    Arbeiterhäuser ............................................................................................................ 50

    Halla ........................................................................................................................... 53

    Projekt Lebensweg ..................................................................................................... 60

    Lernort Bauernhof ....................................................................................................... 60

**Landwirtschaft im Umschwung** ......................................................................................... 62

    Die biologisch-dynamische Landwirtschaft (Demeter) ................................................ 63

    Ein Traum in Rosa ...................................................................................................... 66

    Blühstreifen ................................................................................................................. 70

**Tierhaltung auf dem Oberfeld** ............................................................................................................. 72

**Muskelkraft und Motorenstärke** ......................................................................................... 81

**Die Ökologie des Oberfeldes** ................................................................................................ 91

    Regenwürmer ............................................................................................................................. 96

    Die Feldlerche ........................................................................................................................... 100

    Wildschweine ........................................................................................................................... 106

**Erholungsraum Oberfeld** ..................................................................................................... 109

    Karte: Das Oberfeld ................................................................................................................. 115

**Im Untergrund** ........................................................................................................................... 120

**Wege der Kultur zum Oberfeld** ......................................................................................... 124

    Die Unbesiegbaren .................................................................................................................. 127

**Die Kunst und das Oberfeld** ................................................................................................ 129

**Filister-Stimmung** ..................................................................................................................... 136

**Literaturverzeichnis** ................................................................................................................. 138

**Bildnachweis** ................................................................................................................................ 141

# Summerabends
von Robert Schneider

Summerabends mach ich gern en klaane Gang,
Über´s Obberfeld un so am Wald entlang,
Wann die Sunn´ so langsamsche verschwinne dhut,
Ach, was dhut aam da en Gang so gut.

Un wann´s dann so sachte still un schummrisch werd,
Hie und da e Schwälbsche dorsch die Luft noch schwerrt,
Un e Reh mitunner kimmt aus´m Wald eraus –
Is es grad wie in em Goddeshaus.

Wann de Mond dann so silbrisch hinner´m Wald uffsteischt,
Un de Wind so zortsche ibber´s Kornfeld streischt,
Daß sisch Halm am Hälmsche hält anenanner fest,
Un sisch aans vum annern küsse läßt,

Dann denk´ isch oft, ´s wer alles halb so schwer,
Wann´s wie beim Korn so bei de Mensche wer,
Daß sisch aans am annern dreilisch halde deet,
Eh´ de Schnidder kimmt, un es is zu spät.

Abber trotzalledem, was mir der Daach
gebracht an Kummer, Sorje odder Plaach,
Dhut verblasse jetzt, un still werd´ Herz un Blut,
Un mer schebbt als widder frische Mut.

Deshalb mach´ isch Summerobends gern mein Gang,
Übber´s Obberfeld un so am Wald entlang,
Un noch jedes Mal derft isch mer´s eigesteh:
Herrgott naa, Dei Weld is drotzdem schee.

# Ein besonderer Ort

Ein Buch über ein Feld? Den Nicht-Darmstädter und vielleicht auch den nicht oberfeldkundigen Darmstädter mag das erstaunen. Warum nicht ein Buch über die touristischen Highlights Darmstadts, etwa die Mathildenhöhe oder die Rosenhöhe, die im Sommer 2010 mit einem Fest zu ihrem 200. Geburtstag geehrt wurde?

Die Idee, ein Buch über das Oberfeld zu verlegen, hängt für mich mit einer sehr persönlichen Erfahrung zusammen. Während eines längeren Klinikaufenthaltes habe ich im Herbst 2008 etliche »virtuelle« Spaziergänge über das Oberfeld unternommen, habe die Kraft dieses Ortes gespürt und in positive Energie umgesetzt.

Nach der Rückkehr aus der Klinik und damit mit meiner Rückkehr ins Leben gingen meine bald wieder länger werdenden – jetzt realen – Spaziergänge hinaus aufs Oberfeld, dahin, wo ich schon vorher so viele Male gewesen war, laufend, Fahrrad fahrend oder auch spazierend, oft, ohne mir die Besonderheiten dieses Feldes bewusst zu machen.

Konkreter wurde die Idee, ein Buch über dieses Feld herauszugeben, als ich Karin Walz traf, die gerade ihr Buch über Gärten und Parks in Darmstadt, die »grünen Oasen«, fertig gestellt hatte, und auf meine vermeintlich seltsame Idee sofort sehr positiv reagierte und sehr schnell und erfreut zusagte, diese Aufgabe als Autorin zu übernehmen.

Und bald stellte ich fest, dass auch andere (Darmstädter) Menschen, denen ich von diesem Buchprojekt erzählte, die Idee gar nicht seltsam fanden, und dass kaum jemand Zweifel hatte, dass dieser besondere Ort ausreichend Stoff hergäbe, um ein Buch damit zu füllen.

Vieles, was das Besondere des Oberfeldes ausmacht, lässt sich nur schwer in Worte fassen, vieles davon muss man sehen, erleben und erspüren. Und doch gibt es ganz konkrete Aspekte, an denen sich der Reiz dieses Feldes festmachen lässt.

Das Erleben von Landwirtschaft in unmittelbarer Stadtnähe ist selten geworden. Insbesondere durch die Umstellung auf ökologische Landwirtschaft in den letzten Jahren kann der Städter auf dem Oberfeld sehr konkret sehen, was Biolandbau ausmacht: Die zahlreichen Blühstreifen, der in den Feldern blühende Mohn und der Gesang der sonst

selten gewordenen Feldlerchen sind nur einige der symbolträchtigen Merkmale, die den Ökolandbau von der konventionellen Landwirtschaft unterscheiden. Gerade wenn man andernorts – wie auch im Norden und Westen von Darmstadt – die von folienbedeckten Spargelfeldern oder gigantischen Maisfeldern geprägte konventionelle Landwirtschaft sieht, wird man verstehen, wie schonend und behutsam die Ökolandwirtschaft auf dem Oberfeld mit der Ressource Landschaft umgeht.

Durch die Rückkehr der Tierhaltung auf das Oberfeld haben die Städter und vor allem auch die Stadtkinder eine selten gewordene Möglichkeit, »echte« Kühe, Hühner und Gänse zu sehen, und das in einer naturnahen und artgerechten Freilandhaltung.

Aber auch jenseits der Landwirtschaft ist das Oberfeld ein faszinierender Ort. Wie sonst kaum irgendwo in Darmstadt sind hier zahlreiche Übergänge zu finden. Feld, Wald und Stadt stoßen aufeinander, sind gleichzeitig sichtbar und bilden ein harmonisches Gesamtbild. Wege begrenzen und durchschneiden das Oberfeld und werden zu Verkehrs- und Freizeitrouten für Radfahrer, Wanderer, Spaziergänger, Reiter und Jogger.

Sie sind alle der Stadt sehr nahe – von vielen Stellen auf dem Oberfeld ist immer wieder das Symbol der Stadt, der Hochzeitsturm, am Horizont sichtbar und doch ist man hier der Stadt entrückt, spürt die Ruhe und Entspannung der Natur. Nur selten trifft man auf dem Oberfeld auf Hektik, die bevorzugte Fortbewegungsart ist hier das Schlendern, nur manchmal unterbrochen vom Klingeln eines eiligen Radfahrers oder den schnellen Schritten eines Läufers.

Und für alle, die hier häufiger unterwegs sind, zeigt das Oberfeld jedes Mal ein anderes Gesicht: Das erste keimende Grün im Frühjahr, wehende Kornfelder mit flirrender Hitze im Sommer, abgeerntete Felder im Herbst und endlose Schneeweiten im Winter, aus jeder Richtung, zu jeder Tages- oder Jahreszeit sieht dieses Feld anders aus und bietet seinen Besuchern immer wieder andere, neue An-, Ein- und Ausblicke.

Dieses Buch zeigt aber auch, dass es Zeiten gab und geben wird, in denen das Oberfeld bedroht war und sein wird. Es gab Ideen oder Pläne für einen Golfplatz, für eine Satellitenstadt und eine Stadtautobahn. Das Wissen um das Glück, dass all das nicht realisiert wurde, mag eine Mahnung sein, schonend und behutsam mit Orten wie diesem umzugehen.

*Wolfgang Hertling, pala-verlag,*
*Darmstadt im August 2010*

# Das Oberfeld im Wandel der Zeit

Das Oberfeld wäre nicht das Oberfeld ohne die Landwirtschaft. Auch wenn viele Erholungssuchende das Oberfeld als »natürlichen« Erholungsraum schätzen – ohne die landwirtschaftliche Tätigkeit des Menschen gäbe es das Oberfeld nicht. Es ist Teil einer durch Jahrtausende hindurch von Menschenhand erschaffenen Kulturlandschaft.

Im 4. und 5. Jahrtausend v. Chr. entstanden im Darmstädter Raum die ersten Siedlungen. Um 1200 v. Chr. datieren Agrarhistoriker den generellen Wandel von der bis dahin vorherrschenden Weidewirtschaft zum Ackerbau. Der erste schriftliche Hinweis auf das heutige Darmstadt – den Ort Darmundestat – findet sich in der 2. Hälfte des 11. Jahrhunderts. 1330 erhielt die kleine Ansiedlung, die zum Herrschaftsgebiet der Grafen von Katzenelnbogen gehörte, die Stadtrechte. Damit verbunden war das Recht, Markt abzuhalten und Befestigungsanlagen zu errichten. Ersteres stärkte die wirtschaftliche Basis der noch jungen Stadt. Letzteres begründete Darmstadts Tradition als Militär- und Verwaltungssitz. Handel und Handwerk erhielten Auftrieb, dennoch blieb die Land- und Forstwirtschaft die eigentliche wirtschaftliche Basis der von großen Waldgebieten umgebenen Stadt.

Der im Osten an die Stadt angrenzende Wald wurde – wegen der topografisch erhöhten Lage – als Oberwald bezeichnet. Durch Rodungen trotzten die Darmstädter diesem Wald Flächen für ihre acker- und gartenbaulichen Aktivitäten ab: Ein bunter Flickenteppich aus Feldern, Gärten, Wiesen und Weinhängen entstand.

Wann genau dies geschehen ist, lässt sich nicht zweifelsfrei nachvollziehen. Meist wird das 14. Jahrhundert – also die Zeit des durch die Verleihung der Stadtrechte bewirkten wirtschaftlichen Aufschwungs – als Entstehungszeit des Oberfeldes angegeben. Auch ein früherer Entstehungstermin lässt sich zum Teil in der Literatur finden, für den es jedoch keine Belege gibt.

Klar ist jedoch, dass sich der Name der Gemarkung Oberfeld im Vergleich zur heutigen Situation auf ein wesentlich größeres Gebiet bezog: Dieses reichte im Mittelalter von der heutigen Dieburger Straße bis zur Grenze nach Bessungen und schloss somit die Erhebung um die heutige Ludwigskirche, die Mathildenhöhe (ehemals Wingertsberg) und die Rosenhöhe (früher Busenberg) mit ein.

*Bild rechts: Stadtansicht aus Südwesten, Gemälde von Pieter Rodingh, 1678*

Spätestens im 16. Jahrhundert dürfte das Oberfeld seine heutige östliche Grenze erreicht haben.

Wahrscheinlich ist, dass zunächst nur mit wenigen Bäumen bewachsene oder gar natürlich vorhandene freie Flächen gerodet wurden. An solchen Stellen war es am einfachsten, dem Wald das benötigte Gelände abzuringen. Nach und nach dehnten sich diese Rodungsareale immer mehr in den umliegenden Wald aus.

Ein solches Gelände urbar zu machen, war ein Werk, das angesichts der begrenzten technischen Hilfsmittel lange Zeiträume in Anspruch nahm und nur durch die gemeinschaftliche Arbeit vieler Menschen nach und nach gelingen konnte. Diese Arbeit in den Wäldern, auf Feldern, Wiesen und Weingärten stand jedoch nicht im Fokus der damaligen Geschichtsschreiber und muss daher im Dunkeln bleiben.

Ein Blick auf die generelle Entwicklung der Landwirtschaft lässt jedoch auch Rückschlüsse auf das Oberfeld zu. So waren Grundherren und Pächter durch eine Vielzahl unterschiedlichster Rechts- und Eigentumstitel miteinander verbunden. Zweifelsfrei unterlag das Oberfeld dem sogenannten Flurzwang: Die im Mittelalter um sich greifende Dreifelderwirtschaft mit ihrem Wechsel von Sommer- und Wintergetreide sowie Brache bedingte die Gleichbehandlung der in einer Flur oder Zelge liegenden Äcker. Da die Felder auch als Viehweide dienten, war ein gleichmäßiger Entwicklungsstand einer möglichst großen Anbaufläche von Vorteil für den gesamten Bauernstand. In Darmstadt bezog die Dreifelderwirtschaft neben dem Oberfeld das im Westen gelegene und heute vollständig überbaute Nieder- oder Löcherfeld sowie das Heinheimer Feld (heute Bürgerpark und Komponistenviertel) mit ein.

Unabhängig davon, ob die Bauern im Besitz der von ihnen bewirtschafteten Flächen waren oder nicht: Ihre Lage war alles andere als einfach. Die Arbeit auf den Feldern war körperlich hart. Abgaben an die Landesherren und die Pflicht zur Leistung von Frondiensten machten die alltägliche Existenzsicherung zu einer drückenden Last. Daran änderte auch der 1567 erfolgte Einzug von Landgraf Georg I. und der so erfolgte Wandel Darmstadts zur Residenzstadt nichts. Zwar förderte Georg I. die Land- und Forstwirtschaft, doch verbesserte sich die wirtschaftliche Situation der

*Bild rechts: Der Meiereibach an der Dreibrunnenquelle*

# Dreibrunnenquelle und Meiereibach

Direkt neben dem Hofgut Oberfeld befindet sich die Dreibrunnenquelle. Bereits in der ersten Hälfte des 16. Jahrhunderts gefasst, gilt diese als eine der ältesten Brunnenanlagen Darmstadts. Landgraf Georg I. ließ von hier aus eine der ersten Wasserleitungen in die Darmstädter Innenstadt, zu Marktbrunnen und Schloss, legen. Die Leitungen wurden zunächst aus Erlenholz, später aus »gebackenen Röhren«, also Keramikteilen, zusammengesetzt.

Im 18. und 19. Jahrhundert führten eine staatliche und ein städtische Leitung in die Darmstädter Innenstadt. Erstere versorgte das Schloss und staatliche Gebäude an Luisen- und Friedensplatz, Elisabethenstift, Gefängnis, außerdem Brauereien und das Hotel Traube. Die städtische Leitung reichte bis zum Wilhelminenplatz und galt mit einer Liefermenge von 180 cbm pro Tag als beste Leitung der Stadt.

In der zweiten Hälfte des 19. Jahrhunderts wurde die Dreibrunnenwasserleitung im Rahmen der grundlegenden Neuorganisation der Darmstädter Wasserversorgung stillgelegt – Darmstadt erhielt sein Trinkwasser von nun an aus dem Ried.

1987 wurde auf Initiative des Vereins »Schützt Darmstadt« die Quelle neu gefasst. An der Wand des Brunnens sind heute drei Bronzereliefs des Bildhauers Gotthelf Schlotter zu sehen: ein Löwenkopf, eine Datterich- und eine Storchenszene. Letztere verweisen zum einen auf die Sage, nach der an dieser Stelle der Klapperstorch die Darmstädter Kinder aus dem Wasser fischt und zum anderen auf eine Szene im Datterich – der im 19. Jahrhundert entstandenen Lokalposse von Ernst Elias Niebergall.

Meiereibach heißt das Bächlein, das von der Quelle gespeist wird und heute in die Kanalisation fließt. Um das Jahr 2000 diskutierte Pläne, das Wasser des

*Bilder oben: Löwenkopf und Storchenszene an der Dreibrunnenquelle, Bild rechts: Dreibrunnenquelle*

Meiereibachs in den Darmbach und damit in den Woog umzuleiten – um diesem mehr Frischwasser zuzuführen – stießen auf ein zentrales Hindernis: Der auf dem Oberfeld lange Zeit verwendete Kunstdünger hatte das Wasser des Meiereibachs mit Phosphor und Stickstoff belastet. Die neben dem Bachlauf liegende Pferdekoppel ließ zusätzlich den Gehalt an Coli-Bakterien ansteigen. Mit der inzwischen erfolgten Umstellung auf ökologische Landwirtschaft und der Trennung der Pferdeweide vom unmittelbaren Bachverlauf hofft die Stiftung Hofgut Oberfeld, die Wasserqualität langfristig zu verbessern und so das Wasser der Dreibrunnenquelle doch noch für den Woog nutzbar machen zu können.

Bei der ebenfalls von der Stiftung vorgenommenen Bachrenaturierung kam im März 2008 eine alte Kaverne zum Vorschein – mit hoher Wahrscheinlichkeit die alte Brunnenfassung aus dem 16. Jahrhundert. Das Bruchsteingewölbe ist mittlerweile in die Liste der Darmstädter Bau- und Kulturdenkmäler aufgenommen worden.

*Die alte Brunnenfassung am Meiereibach*

kleinen Landgrafschaft Hessen-Darmstadt und ihrer Residenz nur langsam. Die erzielten Erfolge wurden zudem ab 1622 durch die Wirren des Dreißigjährigen Krieges zunichte gemacht. Kampfhandlungen, Belagerungen, Hunger und Pest ließen die Darmstädter Bevölkerung um rund 80 Prozent schrumpfen. Viele Höfe und die dazugehörigen Äcker fielen brach, manche davon wurden kurzerhand den landgräflichen Hofgütern zugeschlagen. Nur noch die Äcker in unmittelbarer Stadtnähe wurden bestellt – sie waren einfacher zu erreichen und zu überwachen.

Auch der Rhythmus der Dreifelderwirtschaft war durch den Dreißigjährigen Krieg durcheinander geraten. So bezogen sich erste Anordnungen nach Kriegsende auf die Neuordnung des Feldanbaus – und für das Oberfeld wurde für das Jahr 1650 die Bestellung mit Sommergetreide festgelegt.

1695 – die Bevölkerungsverluste durch den Dreißigjährigen Krieg waren noch immer nicht vollständig kompensiert und die Bautätigkeit des ersten Barocklandgrafen Ernst Ludwig leitete gerade einen kurzen wirtschaftlichen Aufschwung ein – zählte man in Darmstadt unter den 279 Zentleuten 22 Ackerleute – nicht ganz zehn Prozent. Die Bedeutung der Landwirtschaft ist damit jedoch noch lange nicht ausreichend beschrieben. Auch Handwerker und andere Gewerbetreibende verschafften sich in der Regel durch den Betrieb einer Nebenerwerbslandwirtschaft eine zusätzliche Versorgungs- bzw. Verdienstquelle. Die auf den Feldern wachsenden Nahrungsmittel weckten aber auch Begehrlichkeiten: Um den überhand

*Landgraf Georg I.*

nehmenden Felddiebstählen entgegenzuwirken, setzte Landgraf Ernst Ludwig zwei Feldschützen ein, die

# Wildschutzanlagen am Oberfeld

Die Jagdleidenschaft vieler Darmstädter Landgrafen war über Jahrhunderte hinweg immer wieder Ursache leidenschaftlich geführter Auseinandersetzungen zwischen Fürst und Bürgerschaft. Ludwig V., Sohn des ersten Darmstädter Landgrafen Georg I., war der erste, dem die Liebhaberei zur Jagd über das Gemeinwohl ging. Er sorgte dafür, dass der Wildbestand vergrößert, gleichzeitig das Recht der Bürger zum Holzlesen und zur Mast von Weidevieh im Wald eingeschränkt wurde. Der wachsende Wildbestand verursachte zugleich Schäden an den an den Wald angrenzenden Ackerflächen.

Nach jahrelangen Auseinandersetzungen mit dem Darmstädter Rat bewilligte Ludwig V. schließlich die Errichtung eines Wildschutzgrabens, der vom Kranichsteiner Weg am Wald entlang um das Oberfeld bis hin zur Bessunger Grenze an der Dreibrunnenanlage führte. Der beim Aushub des Grabens entstandene Wall wurde mit einer Hecke als zusätzlichem Wildschutz bepflanzt. Dort, wo der Scheftheimer Weg vom Oberfeld in den Wald eintritt, und entlang des Katharinenfalltorweges sind die Überbleibsel dieses Wildschutzgrabens noch heute zu erkennen.

*Die Reste des Wildschutzgrabens am Rand des Oberfeldes*

mögliche Delinquenten abschrecken bzw. überführen sollten.

Der durch die Bautätigkeit der Barocklandgrafen Ernst Ludwig und Ludwig VIII. ausgelöste und mit einer hohen Schuldenlast einhergehende wirtschaftliche Aufschwung verkehrte sich schon bald in sein Gegenteil. Den Bauern setzte insbesondere die Jagdleidenschaft der beiden Landgrafen schwer zu. Bei der von Ernst Ludwig eingeführten Parforcejagd hetzten die berittene Jagdgesellschaft und eine große Hundemeute das Wild über weite Strecken. Dabei spielte es keine Rolle, ob diese Hetzjagd über gerade bestellte oder vor der Ernte stehende Ackerflächen ging – die durch Hunde und Pferde verursachten Flurschäden wurden billigend in Kauf genommen. Hinzu kamen Frondienste, die insbesondere die Bauern aus Arheilgen und Bessungen (die Darmstädter Bauern waren von der Jagdfron befreit) während der Jagd zu leisten hatten und die auf Kosten der Feldarbeit gingen. Alle Bemühungen um gute Erträge wurden so oft genug zunichte gemacht. Hunger und Elend waren die Folgen. Wer konnte, verließ die Stadt. Die Darmstädter Bevölkerungsentwicklung stagnierte aufs Neue.

In der zweiten Hälfte des 18. Jahrhunderts beauftragte Landgraf Ludwig IX. seinen Staatsminister Friedrich Karl von Moser mit der Sanierung der maroden Staatsfinanzen. Moser reduzierte nicht nur den die finanziellen Möglichkeiten der Landgrafschaft übersteigenden Jagdapparat sowie den Hofstaat, sondern ließ über die von ihm geleitete Landkommission die wirtschaftliche Situation der Landgrafschaft statistisch erfas-

*Friedrich Karl Freiherr von Moser*

sen. Danach waren im Jahr 1777 in Darmstadt 79 Schuster, 57 Schneider, 51 Acker- und Fuhrleute sowie 37 Metzger und 28 Bäcker gewerblich tätig. Das gesamte Oberfeld war laut

> **Die Darmstädter Gemarkung im Jahr 1777**
>
> **Fläche in Morgen ( = ca. 2000 qm)**
> 2114 Ackerland
>  davon  1657 für Ackerfrüchte
>      3 für Futterkräuter
>    454 Ödland
> 322 Wiesen
> 311 Gärten
> 170 Wein
> 2000 Wald
>
> **Viehbestand**
> 85 Pferde
> 940 Rinder
> 672 Schafe
> 594 Schweine

einem 1769 angelegten Güterverzeichnis über herrschaftliche Geldabgaben in 58 Gewanne eingeteilt und reichte – wie bereits erwähnt – vom Stadtrand vor dem Neuen Tor bis zur heute noch bestehenden Waldrandgrenze. Da auch Bäcker und Metzger indirekt von landwirtschaftlicher Tätigkeit abhingen, ist die Aussage nicht weiter verwunderlich, dass rund 75 Prozent der Bevölkerung ihre Existenzgrundlage aus der Landwirtschaft bezogen. Somit war eine Erhöhung der landwirtschaftlichen Produktivität für Moser zugleich der Schlüssel zur Sanierung der Staatsfinanzen und Grundlage für weitere Maßnahmen: Moser ließ in Gebieten mit Zweifelderwirtschaft die Dreifelderwirtschaft einführen, wobei er bei letzterer zusätzlich die Brache durch die Aussaat von Klee und Futterkräutern ersetzte. Die Haltung von Rindern sollte nach Mosers Vorstellungen in den Stall verlegt werden, um die Dungproduktion zu konzentrieren und zu erhöhen.

Die Moserschen Maßnahmen zeigten Wirkung. Ebenso die zunehmende Verbreitung neuer Feldfrüchte – allen voran der Kartoffel, aber auch von Klee, Raps und Rüben. Dank der Produktivitätssteigerung in der Landwirtschaft wuchs die Bevölkerung – nicht nur in Darmstadt – kontinuierlich. Doch nach wie vor bedrohten Missernten die Nahrungsmittelversorgung der Bevölkerung in den deutschen Fürstentümern, die zu rund 70 Prozent auf dem Land lebte. Durch Ernteausfälle hervorgerufene Preissteigerungen ließen immer wieder Hungersnöte entstehen. Daran änderte auch die Tatsache nichts, dass die Landgrafschaft Hessen-Darmstadt 1806 durch den Anschluss an den Napoleonischen Rheinbund zum Großherzogtum erhoben worden war. Zwar bewirkten die beim Wiener Kongress festgelegten Gebietszuwächse des Großherzogtums, dass auch Darmstadts Bevölkerungszahl stetig wuchs und sich die Stadt Richtung Südosten und damit auf das Gelände der ursprünglichen Feldgemarkung Oberfeld ausdehnte. Die Verwundbarkeit der Landwirtschaft und damit der Nahrungsmittelversorgung durch die Abhängigkeit von natürlichen Gegebenheiten blieb nach wie vor bestehen. Auch in Hessen protestierten Bauern immer wieder gegen die Obrigkeit, die mit militärischer Härte ihre Privilegien verteidigte. So beispielsweise 1830, als der in Nordhessen erfolgte Bauernaufstand gewaltsam niedergeschlagen wurde.

*Die zur Villa Flotow gehörende Reithalle*

Nicht wenige bewog die oft aussichtslose wirtschaftliche Situation in ihrer Heimat zur Auswanderung nach Amerika.

In immer stärkerem Maße begann die Industrialisierung ihren Siegeszug – auch in der Landwirtschaft. Doch zunächst beeinflusste das durch das

neu geschaffene Arbeitsplatzpotenzial gespeiste städtische Bevölkerungswachstum die Darmstädter Landwirtschaft an anderer Stelle: Immer mehr Flächen des ursprünglichen Oberfeldes wurden bebaut: Am Woog und entlang der Dieburger und Erbacher Straße rückte die Bebauung gen Osten vor. Auf der Mathilden- und Rosenhöhe, die ebenfalls zur Feldflur Oberfeld gehörten, entstanden Anfang des 19. Jahrhunderts durch Angehörige der großherzoglichen Familie Landschaftsgärten.

Bereits 1840 wurde am Rand des heutigen Oberfeldes die Villa Flotow, deren im 20. Jahrhundert errichtete runde Reithalle noch heute Blickfang des Geländes am Molkenbachweg ist, errichtet. Ende des 19. Jahrhunderts entwickelte sich die Mathildenhöhe nach und nach zum Wohngebiet und Kunstzentrum. Im gleichen Zeitraum entstand neben der Villa Flotow die Villa Hagenbuch, heute das Georg-Christoph-Lichtenberg-Haus, das der Technischen Universität als Gästehaus dient und im Laufe seines Bestehens Parkhotel, Wohnhaus, SA-Schule der Nationalsozialisten, Reservelazarett, Tuberkulosekrankenhaus, Frauenklinik und Studentenwohnheim war. Ebenfalls Ende des 19. Jahrhunderts wurde die großherzogliche Meierei, die auch Flächen auf dem Oberfeld bewirtschaftete, an die Erbacher Straße, in die unmittelbare Nähe des Oberfeldes verlegt.

Doch der wissenschaftlich und technologisch begründete wirtschaftliche Umschwung hinterließ auch in der Landwirtschaft selbst seine Spuren: Der in Darmstadt geborene Wissenschaftler Justus von Liebig beschrieb

*Justus von Liebig*

1840 den Ertrag steigernden Einsatz von Mineraldünger, insbesondere des noch heute verwendete Superphosphats. Dessen Einsatz trug in der

*Bild rechts: 1852 wird der Name Oberfeld erstmals kartografisch festgehalten*

# Flurnamen

Sie geben Hinweise auf die Lage eines Geländeteils, auf topografische Besonderheiten, auf die vorherrschende Flora oder geschichtliche Ereignisse – die Flurnamen, die erst seit dem 19. Jahrhundert systematisch in Katastern erfasst werden.

Im Darmstädter Stadtarchiv geben aus der ersten Hälfte des 20. Jahrhunderts stammende Flurkarten die für das Oberfeld verwendeten Flurnamen wieder. Die meisten davon sind Hinweise auf die Lage des Gebietes: *Ueber den drei Brunnen, Vor dem Eichelacker, Am Scheftheimer Weg links, Am Molkenbrunnen, An den Seiterswiesen, Die mittelste Seiterswiese, Neben den Seiterswiesen, Neben der vordersten Seiterswiese, Vorderste Seiterswiese, Am Heiligen Kreuz, Hinter dem Heiligen Kreuz* (hier hat der Bezug auf eine vor der Reformation an dieser Stelle errichtete Kapelle, die 1527 abgebrochen wurde, bis in die Neuzeit überlebt), *An der Nachtweide, Am Judenfalltor*. Zwischen Judenpfad und Scheftheimer Weg liegt die Flur *An den wüsten Hügeln* – ein markanter Hinweis auf die dortige Kargheit des Ackerbodens.

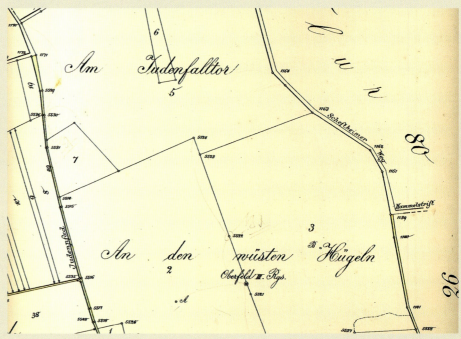

*Ausschnitt aus der Flurkarte Darmstadts*

zweiten Hälfte des 19. Jahrhunderts wesentlich zur Steigerung der Nahrungsmittelproduktion bei. In Darmstadt wurden die Ertrag steigernden Wirkungen der verschiedenen Düngemittel in der landwirtschaftlichen Versuchs- und Auskunftsstation des Großherzogtums erforscht. Kurz darauf konnte Stickstoffdünger erstmals synthetisch hergestellt werden. Doch erst nach dem Ersten Weltkrieg wurde dieser großflächig eingesetzt. Dennoch: Die Landwirtschaft blieb arbeitsintensiv. Da auch die Industrie einen vermehrten Bedarf an Arbeitskräften hatte, beschäftigten viele landwirtschaftliche Betriebe des Deutschen Reichs seit dem 19. Jahrhundert ausländische Arbeiter. Erst im Laufe des 20. Jahrhunderts wurde die menschliche Arbeitskraft mehr und mehr durch chemische Hilfsstoffe zur Unkraut- und Schädlingsbekämpfung und Maschinen zur Bodenbearbeitung und Ernte ersetzt.

Der Erste Weltkrieg verzögerte diese Entwicklung nur vorübergehend. Der durch die Not der Nachkriegsjahre und Inflation ins Stocken geratene Wohnungsbau weitete sich in den 20er- und 30er-Jahren wieder Richtung Oberfeld aus: Zwischen Dieburger Straße und Rosenhöhe entstanden die ersten Häuser. Anfang der dreißiger Jahre sind in Stadtplänen die ersten Gebäude im heutigen Kerngebiet des Oberfeldes zu sehen: so am Seiters- und Katharinenfalltorweg. Nach dem Zweiten Weltkrieg und der für Darmstadt verheerenden Brandnacht vom 11. auf den 12. September 1944, bei der die Innenstadt zum Großteil zerstört wurde, kamen hier weitere Bauten hinzu. Diese am Seitersweg, dem Seiterswiesenweg und am Katharinenfalltorweg gelegenen Streusiedlungen, auf denen kleine Gartenhütten, aber auch stattliche Häuser stehen, prägen bis heute den Charakter des westlichen Oberfeldes.

In den Nachkriegsjahren waren die auf den Feldern wachsenden Nahrungsmittel wie schon in den Jahrhunderten zuvor Objekte der Begierde: Übeltäter zu stellen bzw. von ihrem ungesetzlichen Vorhaben abzuhalten, war die Aufgabe des Feldschützes. Dieser hatte, so bestimmte bereits das Feldstrafgesetz aus dem 19. Jahrhundert, »die seinem Schutze anvertrauten Gemarkungstheile anhaltend, also täglich und nöthigenfalls auch bei Nacht« zu begehen. In den 50er-Jahren versah diesen Dienst auf dem Oberfeld der Feldschütz »Blechohr« – ein Kriegsinvalide mit Hörgerät. Mit der Verbesserung der Lebensmittelversor-

# Großer Acker – Kleine Gärten

Wie die ausgestreckten Finger einer Hand recken sich die am Seiterswiesenweg liegenden Gartengrundstücke in das Oberfeld. Die rechteckigen Riegel sind eingebettet in die Ackerflächen und beinhalten zahlreiche private Gärten. Auch entlang von Seitersweg und Katharinenfalltorweg schälen sich Gartenparzellen aus dem Ackerboden. Rasen, Wiesen, Koniferen, Obstbäume, Sträucher, Gartenbeete und Gebäude, selbst eindeutig gewerblich genutzte Flächen sorgen für einen deutlichen Kontrast zur umliegenden Feldflur.

Die ersten Häuser entstanden hier in den 30er-Jahren des 20. Jahrhunderts. Gartenbaubetriebe und Gärtner siedelten sich am Seiters- und Seiterswiesenschleifweg an. Am Seiterswiesen- und Katharinenfalltorweg fanden ein Tagelöhner und ein Hilfsarbeiter ihren neuen Wohnort. Nach dem Zweiten Weltkrieg kamen weitere Wohngebäude und Gewerbebetriebe hinzu. Viele, die sich auf dem Oberfeld eine feste Bleibe errichteten, kamen aus der Altstadt bzw. dem Martinsviertel und damit aus den Darmstädter Bezirken, die schwer von der Bombardierung Darmstadts in der Nacht vom 11. auf den 12. September 1944 betroffen waren, zugleich aber auch zu den weniger angesehenen Wohnvierteln gehörten – Arbeiter, Tagelöhner, einfache Angestellte waren hier zu Hause.

Dass Schuhmacher, Rentner, Arbeiter oder Kesselschmiede Zuflucht auf ein Oberfeld-Grundstück nehmen konnten,

*Streusiedlung im Oberfeld im Jahr 1980 ...*

mag zum einen darin begründet sein, dass vom einstmals bäuerlich geprägten Martinsviertel auch Grundstücke auf dem Oberfeld bewirtschaftet wurden. Zum anderen nutzten viele Arbeiter Ende des 19. Jahrhunderts die Zeiten wirtschaftlicher Prosperität, um Ackergrundstücke und damit ein Stück Versorgungssicherheit zu erwerben. Dies hatte auch in Darmstadt zu einer Zunahme von landwirtschaftlichen Betrieben mit weniger als einem Hektar Fläche geführt. Nach der Zerstörung Darmstadts wurden so einige dieser kleinen Flächen zur Rettung in der Not. Behelfswohnungen entstanden, die von städtischer Seite geduldet, zum Teil auch genehmigt wurden.

Am Katharinenfalltorweg ist mittlerweile eine üppig bebaute Streusiedlung mit großen Häusern entstanden. Zusammen mit den übrigen, in die Feldgemarkung eingestreuten Gartengrundstücken markiert sie eindrucksvoll die Konfliktlinie zwischen freiem Feld und Bebauung. Denn: Eigentlich ist das Bauen im Außenbereich von Siedlungen verboten. Ausnahmen gelten nur für landwirtschaftliche Betriebe oder kleinere Hütten. Immer wieder kochen daher von Zeit zu Zeit Diskussionen über die Legitimität und Zukunft dieser privaten Garten- und Wohnanlagen hoch. Auch so manche Schlagzeilen haben die Gärten gemacht: Diskussionen um herumliegende Autowracks erregten in den 70er-Jahren wochenlang die öffentlichen Gemüter. Gleiches gilt für den Bärendompteur Kid O'Hara, der dort zeitweise Zirkusbären in einem Verschlag hielt. Vereinzelt wurden Gärten aufgelöst – an der Grundsituation hat sich bis heute nichts geändert.

... und heute

gung verloren die Felder ihren Reiz. Die Wirtschaftswunderjahre übertünchten die Schrecken des gerade zu Ende gegangenen Krieges schnell mit einer gehörigen Portion Wachstumseuphorie. Technischer Fortschritt und der wirtschaftliche Strukturwandel wirkten sich auf die Landwirtschaft in zweierlei Hinsicht aus: Kleinere Betriebe waren nicht mehr konkurrenzfähig, da sich der Einsatz der Arbeitskräfte sparenden Maschinen nur auf großen Flächen rentierte. In der Folge nahm die Konzentration der landwirtschaftlichen Betriebe zu.

So wurden vor 1950 lediglich 35 Hektar des rund 150 Hektar großen Oberfeldes durch die an der Erbacher Straße gelegene Hofmeierei bewirtschaftet. Den Rest bearbeiteten andere Landwirte. Insgesamt betrug der Anteil der Landwirtschaft am gewerblichen Umsatz im Darmstadt der 60er-Jahre weniger als ein Prozent – die Landwirtschaft hatte sich zu einem Nischengewerbe entwickelt. Dennoch waren immer noch rund 3000 Hektar und damit 25 Prozent des Stadtgebietes landwirtschaftlich oder gärtnerisch genutzt. Unter den landwirtschaftlichen Betrieben setzte sich die Konzentration fort. Der Großteil des Oberfeldes wurde nur noch von zwei Landwirten bestellt – neben dem Hofgutpächter Gustav Vierling der in der Kranichsteiner Straße ansässige Landwirt Fritz Müller. Beide waren für je rund 60 Hektar Fläche verantwortlich. Drei weitere Betriebe waren auf kleineren Parzellen tätig.

Mitte der 50er-Jahre des letzten Jahrhunderts übernahm das Chemieunternehmen Merck den ehemaligen, an der Dieburger Straße gelegenen landwirtschaftlichen Betrieb »Sonnenhof«. Es erfolgte der Ausbau zum »Pflanzenschutz-Versuchsgut«, zu dem neben den Flächen am Oberfeld weitere in Werksnähe gelegene Felder zählten. Bis Anfang der 70er-Jahre engagierte sich Merck in der Erforschung und Entwicklung von Schädlingsbekämpfungsmitteln – darunter das Fungizid »Delan« für den Obst-, Wein- und Gartenbau und das Insektizid »Jacutin«. Zur Durchführung von Testreihen wurden auf den zum Versuchsgut gehörenden Flächen ein landwirtschaftlicher Zweig, eine Gärtnerei sowie eine Obstanlage und ein Versuchsgarten betrieben. Ende der 60er-Jahre wurden diese Versuche nach und nach in das mit 140 Hektar wesentlich größere Gut »Stubenwald« bei Bensheim verlegt. Danach nutzte die Baumschule Appel das Gelände

*Bild rechts: Die hochgeschossenen Baumreihen der ehemaligen Baumschule*

zur Aufzucht von Kräutern sowie als Baumschule. Die heute hochgewachsenen Baumreihen in der Nähe des Reiterhofs stammen noch aus jenen Tagen.

Zu dieser Zeit hatte Landwirt Müller bereits aufgegeben: Seit 1966 wurden auch die bisher von ihm genutzten Felder auf dem Oberfeld durch die von Gustav Vierling geführte Meierei bewirtschaftet. Die wachsenden landwirtschaftlichen Betriebe kamen mit immer weniger Beschäftigten aus. Im Bewusstsein der städtischen Bewohner verlor die Landwirtschaft immer mehr an Bedeutung – auch begründet durch den durch niedrige Energiekosten befeuerten internationalen Warenaustausch, der die ganzjährige Versorgung der Bevölkerung mit einem breiten Angebot an Lebensmitteln sicherstellte. Zudem: Für Lebensmittel musste ein immer geringer werdender Anteil des Einkommens ausgegeben werden. Noch um 1900 lag der Anteil der Konsumausgaben für Nahrungsmittel bei 57 Prozent des verfügbaren Einkommens. 1960 war dieser Anteil auf 38 Prozent gefallen. Heute liegt er bei rund elf Prozent.

Und natürlich wurde auf der Gemarkung Oberfeld weiter gebaut: Nicht zuletzt die Nähe des Oberfeldes

*1966: Das Komponistenviertel weitet sich bis zur Grenze des Oberfeldes aus*

versprach gehobene Wohnqualität: Am Seitersweg und am Südhang der Rosenhöhe entstanden Villenquartiere. Das an der Dieburger Straße gelegene Komponistenviertel erreichte die Waldgrenze. Und selbst die auf ihre heutige Ausdehnung zusammengeschrumpfte Feldflur geriet in den Fokus der Stadtplaner. Planungsgrundlage war die Annahme, dass Darmstadt auf eine Bevölkerungszahl von mehr als 200 000 Einwohnern anwachsen werde. Für diese galt es, ausreichend Wohnraum und – angesichts zunehmenden Individualverkehrs – ein adäquates Straßennetz schaffen. Auf dem Oberfeld sollte – wie auch in Arheilgen, Kranichstein und Eberstadt – eine aus Hochhäusern bestehende Satellitenstadt entstehen. Eine Schnellstraße sollte die Verbindung zwischen diesen Waldsatelliten herstellen, zusätzlich

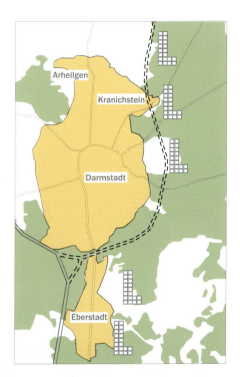

*Die geplanten Waldsatelliten und die geplante Schnellstraßentrasse (gestrichelt) im Überblick*

sollten Zubringertangenten die Anbindung zur Innenstadt sicherstellen. In dem von der Stadt in Auftrag gegebene Grüngutachten, das den geplanten Bau von Wohnungen und Verkehrsanlagen mit einem Grün- und Freiflächenkonzept ergänzen sollte, schrieb der Planer Günther Grzimek:

»Die Flächen im Vorfeld des Waldes, die als Bauland für die Waldsatelliten vorgeschlagen werden, sind gegenwärtig noch von der Landwirtschaft in Anspruch genommen. Die neue, in Autobahnbreite geplante Bundesstraße wird die jetzt noch einigermaßen zusammenhängende Feldflur zerschneiden und ihre Bewirtschaftung erschweren. Es wäre unvernünftig, eine als notwendig erkannte städtebauliche Entwicklung zu blockieren, um bäuerliche, kaum lebensfähige Wirtschaftsflächen zu erhalten, die

hier – ... – auch als Grünform keine hochintensive Wirkung im Sinne einer Wohnlandschaft erbringen können.«

Das Oberfeld wäre nach diesen Plänen genau in der Mitte von einer Schnellstraßentrasse durchschnitten worden. Östlich davon wäre die geplante Trabantenstadt entstanden, westlich davon Dauerkleingärten. Die geplanten Schnellstraßen gaben auch den Ausschlag dafür, dass das hessische Kultusministerium bei der Suche nach einem neuen Domizil für das Staatsarchiv Darmstadt das Oberfeld »als einzig möglichen Standort« ins Auge fasste. Der neue Komplex mit 45 000 laufenden Metern Stellfläche sollte am Katharinenfalltorweg entstehen.

Obwohl die Trasse der geplanten Autobahn bereits durch Betonsteine

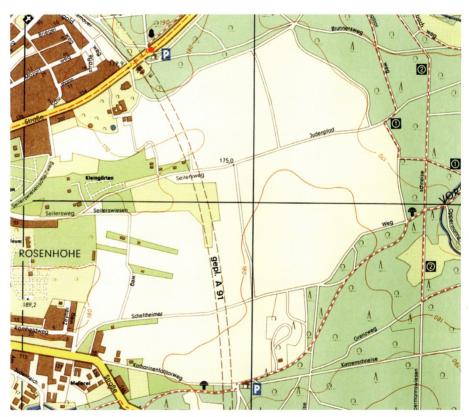

*Ausschnitt aus dem amtlichen Stadtplan von 1973 mit geplanter Trassenführung*

markiert war – der Traum vom Großbauprojekt in unmittelbarer Nähe des Waldes war dennoch bald ausgeträumt: Die Darmstädter Bevölkerungszahlen stagnierten bzw. gingen zurück. Die ersten Umweltskandale sensibilisierten nicht nur die Darmstädter Bürger für Umwelt- und Landschaftsschutzthemen. Der Widerstand gegen straßen- und städtebauliche Mammutprojekte wuchs. Die Wählergemeinschaft Darmstadt (WGD) schaffte als Sprachrohr von Umweltschutzgruppen und Bürgerinitiativen den Sprung in die Stadtverordnetenversammlung.

Der politische Stimmungswandel blieb nicht ohne Wirkung. Die ursprünglichen Pläne wurden abgespeckt. Lediglich die Satellitenstädte in Kranichstein und Eberstadt wurden realisiert. Das Oberfeld blieb das, was es schon seit Jahrhunderten war: Acker. Zugleich rückte die ökologische Bedeutung des Oberfeldes mehr und mehr in das Blickfeld.

Im 1979 veröffentlichten »Stadtentwicklungsprogramm Grün- und Freiflächen« wurde das Oberfeld zu den Bereichen der freien Landschaft gezählt, die »durch ihre Schönheit und

Lage von besonderer Bedeutung für die Erholung sind« und die auf Dauer von einer Besiedlung frei zu halten seien. Eine Ausweisung als Landschaftsschutzgebiet wurde ebenso wie die Beibehaltung der ausschließlich landwirtschaftlichen Nutzung empfohlen. An dieser Linie wird bis heute festgehalten: Als Freifläche steht das Oberfeld – mit Ausnahme der Kleingartenansiedlungen – seit 2004 unter Landschaftsschutz.

Daran änderte auch der kurzzeitig in den 80er-Jahren durch die Gazetten geisternde Plan eines Architekten nichts, auf dem Oberfeld einen Golfplatz anzulegen. Auch die Einbeziehung der unmittelbar an die Rosenhöhe angrenzenden Ackerfläche in die für 2010 projektierte Landesgartenschau kam über das Planungsstadium nicht hinaus: Die Stadt konnte sich mit ihrem Konzept nicht gegen Mitbewerber durchsetzen.

Stattdessen begann die ökologische Aufwertung des Oberfeldes: Der monotonen Agrarsteppe sollte neues Leben eingehaucht werden. Den Anfang dazu machte Ende der 80er-Jahre die Forstverwaltung, die eine von ihr verwaltete und ehemals verpachtete Gartenparzelle (einen sogenannten »domänenfiskalischen Streubesitz«) in eine Feldholzinsel umwandelte. Mit Unterstützung der Schutzgemeinschaft Deutscher Wald und der Darmstädter Ortsgruppe des Bundes für Vogelschutz wurden Backsteingebäude und Holzschuppen beseitigt. Soldaten der amerikanischen Streitkräfte packten ebenfalls mit an. Zugleich nutzte das Forstamt die Zerstörungen des Orkans »Wiebke«, um die Waldränder am Oberfeld

auszulichten, um Licht und Luft für Sträucher zu schaffen.

Etwa zur gleichen Zeit ließ die Stadt in Zusammenarbeit mit der Naturlandstiftung die beiden dreieckigen Feldholzinseln am Judenpfad und am Scheftheimer Weg anlegen. Einige Jahre danach entstanden zwei weitere Feldholzinseln am Querweg. Entlang des Molkenbachs wurden Baumreihen angepflanzt. Von den ursprünglich geplanten Alleen hatte man Abstand genommen, nachdem dieser Plan auf heftigen öffentlichen Widerspruch gestoßen war.

Während man mit den so geschaffenen Feldholzinseln die Tier- und Pflanzenvielfalt auf dem Oberfeld vergrößern wollte, setzte sich auf der eigentlichen Feldflur der gegenteilige Trend durch: Der Anbau konzentrierte sich auf immer weniger Feldfrüchte. Wuchsen in den 60er-Jahren noch rund acht verschiedene Kulturfrüchte auf den Ackerflächen – darunter Weizen, Hafer, Roggen und Mais – waren es einige Jahrzehnte später nur noch drei: Sommergerste, Wintergerste und Zuckerrüben. Die Bewirtschaftung erfolgte nach den Grundsätzen des »integrierten Anbaus«, das heißt, Mineraldünger und Pestizide wurden nur nach vorangegangenen Bodenproben bzw. dem jeweils auftretenden Schädlingsbefall eingesetzt.

Heute sind von den 12 210 Hektar des Stadtgebietes rund 2328 Hektar landwirtschaftliche Nutzfläche. Allein von 1984 bis 2004 hatte sich diese um fast 20 Prozent reduziert. Von den mehr als 6000 in Darmstadt ansässigen Betrieben zählen nur 35 zur Landwirtschaft. In der unmittelbaren Kernstadt ist das Oberfeld mit seinen rund 150 Hektar die letzte verbliebene landwirtschaftliche Fläche. Diese ist heute zu rund zwei Dritteln im Eigentum des Landes Hessen. Das verbleibende Drittel teilt sich die Stadt Darmstadt, deren Besitz hauptsächlich im Bereich des Molkenbachs und entlang des Judenpfads liegt, mit rund 25 privaten Eigentümern.

Bewirtschaftet wird die gesamte Fläche des Oberfeldes heute durch die Landwirtschaft AG des Hofgutes Oberfeld. Zentrum des landwirtschaftlichen Betriebs ist die ehemalige großherzogliche Meierei.

## Die wandernden Schafe

Rund 20 Jahre lang trieb der aus Mömbris im Spessart stammende Schäfer Siegbert Bergmann seine rund 350 Schafe, darunter schwarzköpfige Rhönschafe, Jahr für Jahr auf das Oberfeld. Seine Wanderung führte den Schäfer über Aschaffenburg, Dieburg, Schaafheim und Münster in die Darmstädter Gemarkung – eine Strecke von rund 50 Kilometern, bei der stark befahrene Straßen und Brücken zu überwinden waren und für die Bergmann mit seiner Herde rund acht Tage brauchte. Etwa von Mitte November bis Ende Dezember verblieben die Schafe dann auf dem Oberfeld.

Als Futterquelle dienten vor allem die abgeernteten Zuckerrübenfelder, auf denen die Erntemaschinen Kraut und Rübenspitzen zurückgelassen hatten. Um Abwechslung auf den Speiseplan zu bringen, trieb Siegbert Bergmann seine Schafe zudem auf die Scheftheimer Wiesen. Ende der 90er-Jahre untersagte die Obere Naturschutzbehörde die Beweidung des Wiesengrundes – man befürchtete eine Überdüngung des Bodens. Der Wegfall dieser Weide bewog Bergmann, dem Darmstädter Oberfeld den Rücken zu kehren: Im November des Jahres 2000 war er mit seiner Herde und den dazugehörigen Hunden zum letzten Mal auf dem Oberfeld zu sehen. Ganz einfach war die Beweidung des Oberfeldes nie gewesen. Die Stadtnähe machte dem Schäfer das Leben eher schwer, denn mit den vielen Spaziergängern kamen auch Hunde, deren Jagdinstinkt durch die weidenden Schafe angestachelt wurde. Auch wenn die Hunde kein Schaf erlegten – allein ihre Anwesenheit versetzte die Herde allzu oft in Panik und hatte Totgeburten bei trächtigen Tieren zur Folge.

*Bilder oben und rechts: Schäfer Siegbert Bergmann und seine Schafe auf dem Oberfeld*

# Von der großherzoglichen Meierei zur ökologischen Landwirtschaft AG

Just an der Stelle, an der die Erbacher Straße einen Bogen Richtung Süden nimmt, befinden sich die Gebäude des Hofgutes Oberfeld. Hier stehen – kreisförmig angeordnet und so eine große innere Hoffläche bildend – Wohnhäuser, Stallungen und Wirtschaftsgebäude. 1892 wurden die ersten Häuser nach Entwürfen des Architekten Wilhelm Schwarz errichtet. 1902 folgten Wohn- und weitere Stallgebäude. 1948 entstand die mittlerweile abgebrannte Feldscheune am Katharinenfalltorweg. Das Gebäudeensemble bildete die großherzogliche Meierei, die ihren angestammten Platz am Rand des Herrngartens aufgegeben hatte, um dem neu projektierten Hauptgebäude der Technischen Hochschule Platz zu machen.

Die Hofmeierei geht auf Landgraf Georg I. zurück. Zusammen mit den Hofgütern in Kranichstein, Gehaborn und dem Sensfelder Hof bildete sie das wirtschaftliche Rückgrat bei der Versorgung des Hofes.

Ursprünglich war sie im Bereich des heutigen Schlossgeländes gelegen. Um einer Erweiterung des Schlosses Platz zu machen, wurde sie in den

*Wirtschaftsgebäude der alten Meierei am Herrngarten*

*Bild links: Blick von oben auf das Hofgut (um 1960)*

Nordosten der Stadt, an den Rand der neu erschlossenen Vorstadt an der Magdalenenstraße verlegt. Mühle, Brauerei, Brennerei, Marstall, Zehntscheuer und Hühnerhof gehörten dazu. Bereits Anfang des 19. Jahrhunderts konzentrierte sich der Betrieb im Wesentlichen auf die Meierei. Die Zehntscheuer wurde 1865 abgebrochen. Am Ende des Jahrhunderts fiel dann die Entscheidung, die Technische Hochschule auf dem Gelände zu errichten. Die Meierei wurde an den neuen Standort an der Erbacher Straße verlegt.

*Das ursprüngliche Meiereigebäude an der Erbacher Straße*

Ursprünglich gehörte die Hofmeierei zum Familieneigentum des landgräflichen bzw. ab 1806 großherzoglichen Hauses. Mit der von Großherzog Ludwig I. eingeführten hessischen Verfassung aus dem Jahr 1820 und der damit einhergehenden Trennung von Staats- und Privateigentum des Großherzogs erhielt die Hofmeierei einen Sonderstatus: Sie wurde dem jeweils regierenden Großherzog zur privaten Nutzung und für den Bedarf des Hofes als Teil der sogenannten »Zivilliste« als Kammergut überlassen. Als die Hofmeierei Ende des 19. Jahrhunderts an die im Osten Darmstadts liegende Erbacher Straße verlegt

# Arbeiterhäuser

1899 rief der damalige Großherzog Ernst Ludwig die Darmstädter Künstlerkolonie ins Leben. Die Suche nach einer neuen, alle Lebensbereiche durchdringenden Formensprache war die Triebkraft, die zur Entstehung der Ausstellungsbauten, Villen, Brunnen und Skulpturen auf der Mathildenhöhe – dem heutigen Jugendstilensemble – führte. Der in den Anfangsjahren vielfach geäußerten Kritik, ihre Kunst richte sich lediglich an eine gut betuchte Klientel, versuchten die Mitglieder der Künstlerkolonie durch die Entwicklung bürgerlicher Wohnkonzepte entgegen zu wirken. Bei der Hessischen Landesausstellung 1908 widmete sich ein Wettbewerb zudem der »Kleinwohnungskunst«: Finanziert durch führende Industriebetriebe der Zeit entwarfen renommierte Künstler Einfamilien- bzw. Doppelhäuser, für die die Bausumme auf 4000 Mark für ein Einfamilienhaus bzw. 7200 Mark für ein Doppelhaus begrenzt worden war. Insgesamt sechs Arbeiterhäuser zeigte die Ausstellung. Drei davon wurden später an die Erbacher Straße, gegenüber des Meiereikomplexes versetzt: Das Doppelhaus von Eugen Seibert, daneben die Häuser von Georg Metzendorf und Arthur Wienkoop. Bereits 1901 hatte Architekt Karl Hofmann, Professor der Technischen Hochschule, die beiden Häuser im Süden errichtet. Im Eigentum der Stiftung Hofgut Oberfeld befinden sich heute lediglich die Häuser Nr. 140 und 142. Die anderen Gebäude sind in Privatbesitz.

*Die Arbeiterhäuser an der Erbacher Straße*

wurde, hatte sie ihre ursprüngliche Funktion – die Versorgung des Hofes – bereits verloren. Ernst Ludwig, letzter Großherzog von Hessen-Darmstadt, entschied daher, die Meierei nicht länger selbst zu bewirtschaften. 1896/97 wurde der Betrieb deshalb an den großherzoglichen Hofverwalter Wilhelm Schwarz verpachtet. Mit der Absetzung des Großherzogs 1918 und der Umwandlung des Großherzogtums in den Volksstaat Hessen ging die Hofmeierei komplett in Landesbesitz über.

1928 trat der Landwirt Gustav Vierling die Nachfolge von Wilhelm Schwarz an. Der rund ein Jahrzehnt später von Deutschland angezettelte Zweite Weltkrieg ging auch an den Meiereigebäuden nicht spurlos vorüber. 1944 wurde das klassizistische Wohnhaus durch Luftangriffe zerstört und nach Kriegsende in schlichterer Form durch die Domänenverwaltung wieder aufgebaut. Neben einem Teil des Oberfeldes bewirtschafte das Hofgut bis in die 70er-Jahre hinein zusätzlich Gelände in Weiterstadt. Anfang der 70er-Jahre gab Gustav Vierling die Leitung des Gutes an seinen Sohn Eberhard ab.

Nachdem der Pachtvertrag mit Eberhard Vierling von der Domänenverwaltung des Landes Hessen immer wieder verlängert worden war, entschied dieser, den letzten bis zum Jahr 2006 befristeten Vertrag auslaufen zu lassen. Die Diskussion um die Zukunft des Hofgutes und die Bewirtschaftung des Oberfeldes begann. Das Land als Eigentümer von Hofgut und dem größten Teil des Oberfeldes spielte mit dem Gedanken, die Hoffläche als lukratives

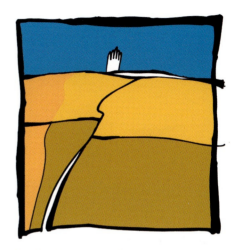

Bauland zu vermarkten. Auch als Erweiterungsgebiet für die Technische Universität war das Meiereigelände im Gespräch. Das Oberfeld selbst wäre nach diesen Plänen an nicht mehr auf dem Meiereigelände ansässige Bauern verpachtet worden.

Diese Pläne riefen engagierte Kritiker auf den Plan und führten zur

# Halla

Das berühmteste Kind der Hofmeierei ist zweifellos die Stute Halla, die am 16. Mai 1945 auf dem Hof von Gustav Vierling zur Welt kam. Halla wurde zum Mythos und ging als Wunderstute in die Geschichte des Reitsports ein. Dabei war sie charakterlich ebenso schwierig wie talentiert. Nach mehreren Reiterwechseln übernahm 1951 Hans Günter Winkler die Stute, von der er sagte, sie sei »ein Genie und eine irre Ziege«. Mit Halla wurde er 1954 und 1955 Weltmeister, 1956 Doppelolympiasieger sowie 1960 nochmals Mannschaftsolympiasieger. Legendär ist der 1956 errungene Olympiasieg Hallas, bei dem die Stute den schwer verletzten und von Schmerzmittel völlig betäubten Winkler fehlerfrei zum Olympiasieg trug. 1960 kehrte Halla in die Hofmeierei zurück: Sie wurde in der Zucht eingesetzt und erhielt dort bis zu ihrem Tod am 19. Mai 1979 ihr Gnadenbrot. Auch wenn ihr Kadaver wie jeder andere Tierkadaver an eine Tierkörperbeseitigungsanstalt übergeben wurde – Hallas Einzigartigkeit tut dies keinen Abbruch: Nach einem Beschluss der Deutschen Reiterlichen Vereinigung darf kein anderes Pferd diesen Namen tragen.

*Halla mit Hans Günter Winkler beim Olympiasieg 1956 in Stockholm*

Bild links: Wolfgang Schindler mit der betagten Halla

Gründung der Initiative Domäne Oberfeld (IDO). Ihr zentrales Anliegen war der Erhalt des landwirtschaftlichen Betriebes auf dem Hofgut, das zusammen mit dem Oberfeld weiterhin eine ökonomische Einheit bilden sollte. Ein weiteres Ziel der Initiative: Statt durch konventionelle Landwirtschaft (befürchtet wurden Intensivkulturen mit Bewässerung und Folienabdeckung oder das Ausbringen von Gülle aus Schweinemastbetrieben) sollten Hofgut und Feld nach ökologischen Richtlinien bewirtschaftet werden. Schon nach kurzer Zeit gingen die Pläne der IDO über die landwirtschaftliche Dimension hinaus: Mit dem Projekt Lebensweg nahm die Idee, ein Wohn- und Arbeitsprojekt für behinderte Erwachsene in den geplanten landwirtschaftlichen Betrieb zu integrieren, immer konkretere Formen an. Zudem soll ein umweltpädagogisches Angebot Wissen über Landwirtschaft und Lebensmittelherstellung vermitteln.

Langwierige Verhandlungen mit der Stadt, der Hessischen Landgesellschaft (HLG) als Vertreterin des Lands, dem hessischen Landwirtschaftsministerium sowie potenziellen Geldgebern begannen. Zahlreiche Informations- und Diskussionsveranstaltungen informierten die Darmstädter Bevölkerung über die von der IDO verfolgten Ziele und rückten somit Oberfeld und Hofgut in das Zentrum des öffentlichen Interesses. Schritt für Schritt wurden die ersten Etappensiege erzielt: Die Technische Universität erklärte ihren Verzicht auf das Hofgutgelände als potenzielles Erweiterungsgebiet. Die Stadt änderte den Flächennutzungsplan, erklärte die Hofstelle zum Außenbereich und verhinderte so die bauliche Verdichtung. Der damalige Landwirtschaftsminister informierte sich persönlich über die Projektpläne. Die Unterstützung für

*Bild rechts: Blick in das Innere des Hofgutes*

das Projekt wuchs – in der Darmstädter Bevölkerung ebenso wie in den zuständigen Ministerien und Behörden. Mit Mitteln der Software AG-Stiftung konnte das Projekt zudem auf eine tragfähige finanzielle Basis gestellt werden.

Im Jahr 2006 fiel dann die Entscheidung: IDO, das Projekt Lebensweg e.V., der Forschungsring für Biologisch-Dynamische Wirtschaftsweise e.V., die Stiftung StadtBauPlan, die Software AG-Stiftung und die Betreibergemeinschaft der Landwirte gründeten die Stiftung Hofgut Oberfeld. Sie wurde neue Eigentümerin des Hofgutes und Pächterin der Ackerflächen auf dem Oberfeld. Die selbst gesteckten Ziele waren gewaltig, aber zu deren Umsetzung wurde eine breite organisatorische Basis geschaffen: Der mittlerweile als Aktiengesellschaft fungierende landwirtschaftliche Betrieb hatte die Umstellung auf biologisch-dynamische Wirtschaftsweise, den Aufbau eines Hofladens, die Einrichtung eigener Produktionsbereiche (z. B. Bäckerei) im Blick. Das Projekt Lebensweg kümmert sich um den Aufbau der Wohn- und Arbeitseinrichtungen für behinderte Erwachsene, der Lernort Bauernhof konzentriert sich auf umweltpädagogische Angebote. Alle zusammen organisieren, unterstützt von der Initiative Domäne Oberfeld, die unterschiedlichsten Veranstaltungen, mit denen die Öffentlichkeit

für das Projekt gewonnen und nicht zuletzt um finanzielle Unterstützung geworben werden soll. Auch die Stadt Darmstadt leistete ihren Beitrag: Für die ersten drei Jahre wurde dem landwirtschaftlichen Betrieb die Pacht für die im Besitz der Stadt befindlichen landwirtschaftlichen Flächen erlassen.

Alle Ziele wurden konsequent vorangetrieben: Die Umstellung auf ökologische Landwirtschaft ist mittlerweile abgeschlossen. Hofeigene Produkte – Rind- und Geflügelfleisch, Eier, Kartoffeln, Brot – und ein ergänzendes, von anderen Demeterhöfen stammendes Sortiment, vor allem Gemüse, Käse und Wurst, werden im eigenen Hofladen verkauft. Das Hofgut Oberfeld hat sich in Darmstadt zur festen Institution entwickelt. An Sonntagen lädt das Hofgut-Café zu Kaffee und Kuchen ein. Die Landwirtschaft ist wieder ein Stück näher an die Bevölkerung gerückt und diese nimmt das Angebot, sich selbst ein Bild von dem sozialen und landwirtschaftlichen Projekt zu machen, gerne und zahlreich an. Noch dazu, wo noch viele Dinge im Fluss sind. Konkret stehen zurzeit der Aufbau einer Gärtnerei, die Errichtung eines neuen Kuhstalls sowie einer Heutrockenanlage – allesamt am Katharinenfalltorweg – an.

## Projekt Lebensweg

24 behinderte Menschen sollen auf dem Hofgut Oberfeld einen neuen Lebensmittelpunkt finden, dort wohnen und arbeiten. Dieses Ziel verfolgt der im Jahr 2000 gegründete Verein Projekt Lebensweg e.V. – Verein zur Förderung seelenpflegebedürftiger Menschen nach der Schulzeit. Die aus der Elternschaft der Christophorus-Schule gegründete Initiative arbeitet eng mit der Heydenmühle in Otzberg-Lengfeld zusammen, wo ein ähnliches Projekt bereits seit Jahrzehnten erfolgreich betrieben wird. Mit zahlreichen Aktionen macht der Verein immer wieder auf sein Anliegen aufmerksam und versucht zugleich die finanzielle Basis für sein Vorhaben sicherzustellen: 2007 spendeten Leser des Darmstädter Echos rund 330 000 Euro für die Errichtung des benötigten Gebäudes – ein Betrag, der von der Software AG-Stiftung nochmals verdoppelt wurde. Der Oberfeld-Marathon, das Chor-Projekt »Wir singen euch ein Haus« und andere Aktionen zeugen von der ungebrochenen Zielstrebigkeit des Vereins. Auf dem Gelände des mittlerweile abgebrochenen ehemaligen Schweinestalls soll das geplante Wohn- und Wirtschaftshaus entstehen.

## Lernort Bauernhof

»Vom Kalb zur Milch«, »Expedition Hühnerstall – woher kommt mein Osterei?«, »Landwirtschaft zum Anfassen« – so lauten nur einige der Programmangebote des Lernortes Bauernhof. Im Lernort Bauernhof sollen Erkundungstouren, Seminare und Projektwochen nicht nur Kenntnisse über Landwirtschaft und Nahrungsmittelherstellung vermitteln, sondern Spaß und Freude beim Arbeiten in und mit der Natur bereiten. Standardisierte und individuelle Programmangebote für Schulklassen, individuelle Gruppen mit Kindern und Jugendlichen, aber auch Erwachsenen stellen daher vor allem das praktische Erleben in den Vordergrund: Sei es beim Verarbeiten von Feldfrüchten, dem Umgang mit Tieren oder dem Reparieren alter Landmaschinen.

# Landwirtschaft im Umschwung

Mitte 2006, eine Woche nach der offiziellen Übergabe des Hofgutes an die Initiative Domäne Oberfeld, zog die neue Landwirtfamilie in das Hofgut ein: Kathrin und Thomas Goebel und ihre beiden Kinder. Vordringliche Aufgabe war die nahtlose Weiterführung der Feldarbeit: Die noch von Landwirt Vierling ausgesäte Wintergerste musste eingebracht und das Stroh zu Ballen gepresst werden. Im November waren die Zuckerrüben erntebereit. 20 Hektar Waldwiesen wurden zum Oberfeld hinzugepachtet, um Heu für die geplante Rinderherde zu produzieren.

Um die Bodenfruchtbarkeit und -struktur zu verbessern, wurden auf 40 Hektar Klee und Luzernegras eingesät. Für die Landwirte steht die Verbesserung der Bodenstruktur – Humusaufbau und Durchwurzelung – bis heute im Vordergrund. Starke Regenfälle, die im Sommer 2006 tiefe Furchen in den Ackerboden rissen, machten deutlich, dass Handlungsbedarf bestand, um weitere Erosionsschäden zu verhindern.

Freiwillige Helfer sammelten zudem rund 30 Tonnen Steine. Mit diesem Arbeitseinsatz konnte das Mähen der Wiesen im darauf folgenden Jahr erleichtert werden. Ebenfalls der Bodenverbesserung dient das regelmäßige Ausbringen von Hornmistpräparaten. Maßnahmen, die auf langfristigen Erfolg angelegt sind: Die Wirksamkeit der eingeleiteten Bodenverbesserungsmaßnahmen wird sich frühestens nach rund zehn Jahren nachweisen lassen. Die im Rahmen einer Diplomarbeit von Susanne Zimmer durchgeführte Untersuchung zur Bodenfruchtbarkeit auf dem Oberfeld legte die Vergleichsbasis für eine solche Überprüfung.

Während in den letzten Jahrzehnten vor der Umstellung auf ökologische Landwirtschaft lediglich drei Feldkulturen (Sommergerste, Wintergerste und Zuckerrüben) angebaut wurden, wuchsen bereits ein Jahr nach der Übernahme durch die ökologisch wirtschaftenden Landwirte 14 verschiedene Kulturen auf dem Oberfeld, darunter: Hafer, Erbsen, Bohnen, Mohn, Sommerweizen, Sonnenblumen, Kartoffeln, Raps und Roggen. Bei den Hauptanbauprodukten wird eine sechsjährige Fruchtfolge eingehalten: Nach zwei Jahren Anbau von Kleegras folgen im jährlichen Wechsel Weizen oder Dinkel, Sommergerste, Erbsen und schließlich Winterroggen. Dass das Oberfeld von Wald umschlossen und somit von anderen

# Die biologisch-dynamische Landwirtschaft (Demeter)

Die biologisch-dynamische Landwirtschaft basiert auf der anthroposophischen Lehre Rudolf Steiners. Ziele sind die Entwicklung möglichst geschlossener Kreisläufe sowie die Erhaltung einer nachhaltigen und vitalen Bodenfruchtbarkeit sowie biologischer Vielfalt. Die biologisch-dynamische Landwirtschaft verzichtet daher auf chemisch-synthetische Biozide, den Einsatz gentechnisch veränderter Organismen oder veränderten Saatguts sowie auf synthetisch erzeugten, leicht löslichen Handelsdünger. Der Fokus auf natürliche Kreisläufe und Bodenfruchtbarkeit führt dazu, dass die Tierhaltung ein unverzichtbarer Bestandteil der biologisch-dynamischen Landwirtschaft ist. Insbesondere der Rinderhaltung kommt eine zentrale Bedeutung zu. Das »tierische Kraftwerk« lebt von den Ackerfrüchten und Wiesen und bringt – neben Milch und Fleisch für den menschlichen Verzehr – wiederum Dünger für die Ackerflächen hervor. Horn- und Mistpräparate zielen zudem darauf ab, die Bodenstruktur zu verbessern sowie die Widerstandskraft und den Wuchs der angebauten Feldfrüchte zu verbessern. Die Produkte der biologisch-dynamischen Landwirtschaft werden unter der Dachmarke »Demeter« vertrieben.

*Auf dem Hofgut werden Präparate angerührt*

ackerbaulich genutzten Flächen isoliert ist, ist eine ideale Voraussetzung für die Vermehrung von Saatgut. Bereits für die konventionelle Landwirtschaft war die Saatgutvermehrung ein wirtschaftliches Standbein. 2009 konnte das erste ökologisch produzierte Saatgut geerntet werden. Vermehrt werden die Sorten »Aszita« (Weizen) und »Firmament« (Roggen). Gerade für die weniger leistungsstarken Böden des Oberfeldes ist die Saatgutvermehrung prädestiniert. Zwar ist hier ein höherer Aufwand für die Reinigung, Prüfung und Abfüllung des Erntegutes notwendig, dieser Mehraufwand wird jedoch durch den zu erzielenden höheren Preis kompensiert.

Neustes Projekt der Landwirtschaft AG ist die in Kooperation mit dem Handelsunternehmen tegut gestartete Aktion »Saisongarten«. Wer Lust hat, sein eigenes Gemüse zu ziehen, hat die Möglichkeit, eine Parzelle von etwa 80 Quadratmetern zu pachten, die zum überwiegenden Teil bereits mit rund 15 bis 20 Gemüsearten (Saat, Jungpflanzen) bestückt ist. Auf der verbleibenden Freifläche kann jeder nach eigener Herzenslust säen und pflanzen. Der Pächter übernimmt dann die weitere Pflege und natürlich die Ernte.

*Bilder rechts: Die »Saisongärten« auf dem Oberfeld*

## Ein Traum in Rosa

Ein sanft sich im Wind wiegender rosa Blütenflor zierte das Oberfeld im Jahr 2007 – kurz nach dem Beginn der Umstellung auf biologisch-dynamische Landwirtschaft. Die Landwirte hatten im April Schlafmohn (Papaver somniferum) ausgesät, dessen hauchdünne rosa Blütenblätter einen atemberaubenden Akzent zum Blau des Himmels und zum Grün der übrigen Feldflur setzten.

Die Sumerer bezeichneten den Schlafmohn als »Pflanze der Freude«. Damit zielten sie jedoch weniger auf die optischen Qualitäten der Pflanze, sondern auf die Tatsache, dass aus dem in der Pflanze enthaltenen morphinhaltigen Milchsaft Opium hergestellt werden kann. Aus Opium gewonnene Schmerzmittel kommen bis heute in der Medizin zur Anwendung. Das ebenfalls aus Opium synthetisierte Heroin führt zu gravierenden gesundheitlichen Schädigungen sowie schnell zur psychischen und physischen Abhängigkeit.

Der Anbau von Schlafmohn ist deshalb in Deutschland streng geregelt. Nur mit entsprechender Genehmigung dürfen die Samen dieser alten Kulturpflanze ausgebracht werden, auch wenn der Anbau – wie auf dem Oberfeld – nicht auf den Milchsaft, sondern auf den Inhalt der ausgereiften Mohnkapseln zielt. Deshalb wird der Mohn auch nicht jährlich angebaut. Die 2007 geernteten, stark ölhaltigen und ein nussiges Aroma aufweisenden Mohnsamen reichen für mehrere Jahre, um Mohnkuchen zu backen oder Brot zu verfeinern. Auf haushaltsübliche Mengen abgestimmte Mohnsamen-Pakete sind darüber hinaus im Hofladen erhältlich.

# Blühstreifen

In den 80er-Jahren initiierte das Land Hessen ein »Ackerschonstreifenprogramm«. Landwirte sollten einen zwei bis fünf Meter breiten Streifen aus der Bewirtschaftung herausnehmen und Wildkräutern überlassen. Die beteiligten Landwirte erhielten im Gegenzug eine finanzielle Entschädigung. Auf dem Oberfeld zeigte dieses Programm keine Wirkung. Noch Ende der 90er-Jahre reichte die gepflügte und bepflanzte Ackerfläche bis an die Wegränder.

Erst mit der Umstellung auf eine biologisch-dynamische Bewirtschaftung ist das Oberfeld bunter geworden – Kornblumen, Mohn und Kornraden setzen Farbakzente. Außerdem: Noch während der Umstellungsphase entstanden entlang Seiterswiesen- und Querweg Blühstreifen – als Bienen- und Augenweide. Sonnenblumen, Malven, Inkarnat-Klee oder Phacelia bieten ganzjährig Nahrung für Insekten und Vögel. Kleintiere finden in diesen Streifen Deckung. Der Großteil der Blühstreifen besteht aus einjährigen Pflanzen, die sich teilweise selbst aussäen, aber auch nachgesät werden. Am Querweg steht ein Blühstreifen, der mit mehrjährigen Pflanzen angelegt wurde. Blanke Natur sind die Blühstreifen aber nicht: Von Zeit zu Zeit muss ordnend eingegriffen, umbrochen und neu gesät werden – sonst gewinnen die natürlich vorkommenden Ackerbeikräuter, insbesondere Quecken, die Oberhand und verbreiten sich auf der für den Anbau vorgesehenen Fläche. Aus diesem Grund bleiben die Blühstreifen nicht immer am selben Ort, sondern wechseln von Zeit zu Zeit ihren Standort. Das Land Hessen fördert die Anlage von Blühstreifen im Rahmen des »Integrierten Agrar-Umweltprogramms« – kurz HIAP.

# Tierhaltung auf dem Oberfeld

Ohne Tiere war die Landwirtschaft in früheren Zeiten nicht denkbar: Ochsen und Pferde dienten als Zugtiere, ihre Exkremente als natürlicher Dünger. Hühner, Milchkühe, Rinder und Schweine produzierten Eier, Milch, Fleisch. Erst mit der Mechanisierung und Spezialisierung landwirtschaftlicher Betriebe verschwanden Tiere von vielen Bauernhöfen. Und wenn weiterhin Tiere gehalten wurden, dann in Ställen. Das war auch auf dem Hofgut nicht anders – bis 1970 die letzte Kuh aus dem Hofgut verschwand, gehörten rund 70 Milchkühe zum festen Bestand des Betriebes. Anfang der 80er-Jahre kam dann auch das Aus für die bis dahin betriebene Schweinezucht.

In ihrem Konzept einer ökologischen Bewirtschaftung des Hofgutes setzte die IDO bewusst auf die integrierte Weidetierhaltung: Tiere liefern Dung für die Felder, die notwendigen Futtermittel können selbst angebaut bzw. auf dem vorhandenen Grünland sowie den rund 20 Hektar hinzugepachteten Waldwiesen gewonnen, das Fleisch über den eigenen Hofladen vertrieben werden. Kühe sollten wieder auf dem Oberfeld grasen. Der Aufbau einer Käserei ist angedacht.

Doch die Vorstellung weidender Kühe auf dem Oberfeld war für viele Stadtbewohner zu Beginn des Projektes gewöhnungsbedürftig: Beeinträchtigungen ästhetischer Art wurden ebenso befürchtet wie Lärm- und Geruchsbelästigungen. Nichts davon hat sich bewahrheitet und die Kritiker der Tierhaltung sind längst verstummt.

Spenden der Darmstädter Grünen, der Elly-Heuss-Knapp-Schule sowie von Privatpersonen ermöglichten im Herbst 2006 den Einzug der ersten Kühe auf dem Hofgut Oberfeld. Wie schon vor mehr als 30 Jahren handelt es sich um Schwarzbuntes Niederungsrind, eine alte Nutztierrasse, die als langlebig und fruchtbar gilt und von robuster Gesundheit ist. Die Rinder stammen vom Versuchsgut Frankenhausen der Universität Kassel. Da sie sowohl Milch- als auch Fleischlieferanten sind, eignen sie sich besonders gut für den ökologischen Landbau. Das erste hofeigene Fleisch konnte so Ende 2007 im mittlerweile eingerichteten Hofladen angeboten werden.

Geplant ist, die Rinderherde auf dem Oberfeld auf 50 Tiere anwachsen zu lassen und eine eigene Züchtung aufzubauen. Regelmäßig werden die Kühe im Sommer aus ihrem proviso-

*Bild rechts: Mobiler Hühnerstall*

rischen Unterstand auf dem Hofgut zu verschiedenen Weideflächen auf dem Oberfeld getrieben. Dort soll im Bereich des abgebrannten Kuhstalls am Katharinenfalltorweg auch der neue Stall für die Kühe entstehen.

Aus der überschaubaren, zehnköpfigen Hühnerschar, die im August 2006 in das Hofgut einzog, ist mittlerweile eine rund 400 Tiere zählende Gruppe geworden, die täglich bis zu 350 Eier legt. Etliche stattliche Hähne gehören ebenfalls dazu. Ergänzt wird der Legehennenbestand durch Masthähnchen.

Die Hühnerbehausung ist modern: Zwei mobile Hühnerställe bieten ausreichend Sitz- und Legemöglichkeiten und mit dem dazugehörigen, durch einen niedrigen Zaun begrenzten Areal, auch ausreichend Freilauf. Seit August 2008 wird die Hühnerhaltung durch die Aufzucht von Gänsen ergänzt, deren Quartier direkt am Scheftheimer Weg liegt. Dort verweilen die Gänse einige Monate – bevor sie als Martinsgans oder Weihnachtsbraten ihr Leben beenden.

Die Pferdehaltung spielt auf dem Hofgut nur eine untergeordnete Rolle. Zwei eigene Haflinger gehören zum Hofgut selbst. Fünf Pferde anderer Besitzer sind ebenfalls dort eingestellt.

# Muskelkraft und Motorenstärke

Die Einsamkeit, die die weiten Ackerflächen heute Besuchern vermitteln, war nicht immer der bestimmende Faktor des Oberfeldes. Für Bodenbearbeitung, Aussaat und Ernte war vor dem vermehrten Einsatz von Maschinen menschliche Arbeitskraft nötig. Vor allem zur Erntezeit herrschte auf dem Oberfeld rege Betriebsamkeit – bis zu 50 Saisonarbeitskräfte rackerten noch in der ersten Hälfte des 20. Jahrhunderts auf den Flächen. Doch der Einsatz der menschlichen Arbeitskraft auf den Feldern hatte bereits in der zweiten Hälfte des 19. Jahrhunderts einen ersten Wandel erfahren. Die Industrialisierung hatte zu einem Arbeitskräftemangel geführt. Viele Landarbeiter suchten sich in den Industriebetrieben eine neue Erwerbsquelle, zumal oft eine bessere Bezahlung lockte. Landarbeiter aus Osteuropa sprangen in die Bresche.

Namen wie »Krzeminsky« oder »Bronislawa« der Landarbeiter und Gehilfinnen, die in den zur Meierei gehörenden Arbeiterhäusern lebten, zeigen, dass die Beschäftigung ausländischer Arbeitskräfte, davon viele aus Polen, aber auch aus Russland, Galizien oder Ungarn, auch in Darmstadt Tradition hatte. Die Berufsbezeichnungen der dort lebenden Bewohner lauteten: Obermelker, Gespannführer, Molkereigehilfin, Melker – oder einfach: Landarbeiter.

Während des Zweiten Weltkrieges gehörte der Einsatz von Zwangsarbeitern in Industrie und Landwirtschaft zur Tagesordnung – anders war die deutsche Kriegswirtschaft angesichts der vielen zum Kriegsdienst eingezogenen Männer nicht am Laufen zu halten. Auch auf der Hofmeierei schufteten ausländische Arbeiter.

Gustav Vierling listete anlässlich einer 1947 von den Behörden veranlassten Befragung 22 Frauen und Männer russischer sowie zehn polnischer Nationalität auf, die zwischen 1943 bis 1945 bzw. seit 1940 auf dem Hof-

*Das Lohnbuch der Hofmeierei*

| | | | | |
|---|---|---|---|---|
| | Schindler | Fritz | II | 849 |
| 12. | " | Hilde | | 549 |
| 13. | Liesegang | Karl | II | 844 |
| 14. | Paulinski | Antonie | | 837 |
| 15. | Krulekiwicz | Leo | II | 838 |
| 16. | " | Hanna | II | 839 |
| 17. | " | Antonie | I | 833 |
| 18. | Krizieminski | Franz | II | 27011 |
| 19. | " | Antonie | II | 855 |
| 20. | Krizinski | Franz | II | 27003 |
| 21. | " | Stanislawa | II | 854 |
| 22. | Dapper | Adam | II | |
| 23. | " | Marie | II | |
| 24. | Meiermann | Bert. | II | 852 |
| | Schröbel | Auguste | II | 853 |

gut eingesetzt waren. Ob die heute vom Darmstädter Stadtarchiv aufbewahrten Listen die Gesamtzahl aller dort eingesetzten Zwangsarbeiter widerspiegeln, sei dahin gestellt. Auch für den ebenfalls Flächen auf dem Oberfeld bewirtschaftenden Landwirt Fritz Müller arbeiteten während des Krieges zahlreiche Russen, Franzosen, Polen und Italiener.

In die Arbeiterhäuser an der Erbacher Straße zogen nach dem Kriegsende vermehrt Menschen, die nicht mehr unmittelbar in der Landwirtschaft beschäftigt waren – Angestellte, Kraftfahrer, Kfz-Schlosser, Maurer. Die Hofmeierei beschäftigte immer weniger Menschen: Listete das Lohnbuch nach Kriegsende noch rund 60 Lohnempfänger (darunter jedoch nicht nur Vollerwerbskräfte) auf, so waren es Ende der 50er-Jahre nur noch knapp über 20. Ende der 60er-Jahre rutschte die Zahl der Beschäftigten in den einstelligen Bereich. Dennoch wurden immer wieder Saisonarbeitskräfte benötigt. In den Nachkriegsjahren halfen die »Stephaner Frauen« (benannt nach dem Griesheimer Stadtteil St. Stephan, wo nach 1948 zahlreiche ungarndeutsche Familien eine neue Heimat fanden) beim Kartoffel- und Rübenhacken. In den 50er-Jahren verzeichnet das Lohnbuch die ersten

*Maschinen beim Zuckerrübenernteeinsatz in den 90er-Jahren*

*Bild links: Ausschnitt aus dem Lohnbuch der Hofmeierei*

italienischen Arbeitskräfte. Einige Jahrzehnte danach verlangte nur noch das Entfernen von Rübenschösslingen Handarbeit – diese wurde innerhalb von acht bis zehn Tagen vorwiegend von Arbeitern türkischer Nationalität übernommen.

Die Mechanisierung auf dem Hofgut dürfte ebenso wie in anderen landwirtschaftlichen Betrieben Hessens in der zweiten Hälfte des 19. Jahrhunderts eingesetzt haben. Vor allem in Betrieben, die mehr als fünf Hektar bewirtschafteten, waren Sä- und Mähmaschinen und vor allem Dampfdreschmaschinen im Einsatz. 1899 gab es 343 Dampfdreschmaschinen im Raum Starkenburg. Sogenannte Lokomobile (Dampfpflüge) wurden vor allem in größeren Betrieben zum Pflügen eingesetzt. In den Folgejahren nahm der Grad der Mechanisierung zu. Ende der 50er-Jahre des 20. Jahrhunderts kam auf dem Hofgut schließlich der erste Mähdrescher zum Einsatz. Dieser musste noch von einem Traktor gezogen werden. Ein Jahrzehnt später fuhr dann ein selbstfahrender Mähdrescher mit einer Schnittbreite von drei Metern über die Felder. Auch die Rübenernte wurde von Maschinen übernommen. Als der

*Landwirt Thomas Göbel mit Helfern bei der Kartoffelernte 2007*

Pachtvertrag von Eberhard Vierling im Jahr 2006 auslief, bewirtschaftete er das gesamte Oberfeld seit 1985 mit einem einzigen Mitarbeiter, Wolfgang Schindler.

Dieser arbeitet noch heute auf dem Hofgut. Der einzige Angestellte ist er jedoch nicht mehr. Mit der Einführung der biologisch-dynamischen Landwirtschaft und der Verwirklichung von Plänen wie Hofladen oder Bäckerei wuchs auch die Zahl der Mitarbeiter. Acht Festangestellte zählte die Landwirtschaft AG Ende 2009; hinzu kamen zwei Auszubildende. Und zahlreiche freiwillige Helfer, die anpacken, wo Not am Mann ist: bei der Renovierung von Gebäuden, der Direktvermarktung, beim Entfernen von Steinen auf den Ackerflächen, bei Ernte und Weiterverarbeitung.

Ohne den Einsatz von Maschinen kann auch ein ökologischer Landwirtschaftsbetrieb nicht wirtschaften. Ebenso ist die Tatsache, dass der landwirtschaftliche Betrieb als Aktiengesellschaft geführt wird, nicht nur darin begründet, engagierten Bürgern eine direkte Beteiligungs- und damit Identifikationsmöglichkeit anzubieten. Auf diesem Weg gelangt zugleich frisches Kapital in den Betrieb. Dieses Geld wird für die Modernisierung des Betriebes und für die Ergänzung und Erneuerung des Fuhrparks benötigt. Traktoren, mechanischer Drehpflug, Scheibenegge, Sämaschinen, Mulcher, Mähdrescher, Reinigungs-, Mahl- und Mischanlagen gehören zum Inventar der ökologischen Landwirtschaft.

# Die Ökologie des Oberfeldes

Geologie, Klima, Flora, Fauna und natürlich der Mensch – sie alle bestimmen den Lebensraum Oberfeld und sind in einem komplizierten Geflecht von unzähligen Wechselbeziehungen miteinander verbunden. Die landwirtschaftliche Bewirtschaftung hat Einfluss auf den Boden, das Tier- und Pflanzenleben. Boden- und Klimaverhältnisse wiederum sind Eckpfeiler der landwirtschaftlichen Produktion.

Optisch wirkt das Oberfeld, das geologisch zum Messeler Hügelland zählt, wie eine große einheitliche Fläche. Doch dieser oberflächliche Blick trügt. Das sanfte Auf und Ab des Geländes, die unterschiedliche Bodenbeschaffenheit, der umgebende Wald sowie die eingestreuten Kleingärten und Feldholzinseln bilden eine Vielzahl unterschiedlichster Kleinstlebensräume. Zwei natürliche Erhebungen nördlich und südlich des Judenpfades von 187 bzw. 179 Meter über dem Meeresspiegel weist das Oberfeld auf. Hinzu kommt der vom Wasserreservoir geformte Hügel mit 191 Meter über Normalnull. Der auf das Oberfeld niederprasselnde Regen (im jährlichen Mittel rund 741 Millimeter) fließt so in unterschiedliche Richtungen und – je nach Geländeneigung – in unterschiedlicher Stärke ab. Die Molkenbachaue und der Meiereibach nehmen im Westen das Wasser auf. In östlicher Richtung fließt das Regenwasser zum Ruthsenbach.

Der Untergrund des Oberfeldes besteht aus einer dünnen Schicht Melaphyr auf Rotliegendem. Verwitterungsprodukte beider Gesteine sowie Lehm und Sand bilden den Oberboden. Während in den höher gelegenen Zonen Wind und Sonne den Boden zügig austrocknen können (worauf der Flurname »An den wüsten Hügeln« hinweist), staut sich in einigen tiefer gelegenen Ackerflächen das Wasser. So weisen die in der Molkenbachaue gelegenen Wiesen einen lehmigen Untergrund mit einer ausgebildeten humosen, anmoorigen (d. h. mit einem hohen Anteil unzersetzter organischer Masse) Schicht auf.

Die durchschnittliche Tiefsttemperatur auf dem Oberfeld betrug im langfristigen Mittel der Jahre 1996 bis 2006 minus 18 Grad Celsius. Der entsprechende Wert für die Höchsttemperatur lag bei 38,1 Grad Celsius. Wer über das Oberfeld spaziert, dem weht meist eine frische Brise um die Ohren. Wind, der nicht immer nur von der gerade herrschenden Großwetterlage bestimmt ist, sondern seine Entstehung gerade auch kleinklimatischen

Zusammenhängen zu verdanken hat – Flurwindaustauschprozesse nennen das die Fachleute. In einem regen Austauschprozess stehen das Oberfeld und die benachbarten Waldflächen vor allem mit dem Darmstädter Stadtgebiet: Bis zu zehn Grad Celsius kann der Temperaturunterschied zwischen den sich leicht aufheizenden Siedlungsflächen im Westen und dem höher gelegenen Oberfeld betragen. Am Tag sorgen die Waldflächen für Kühlung, in der Nacht vor allem die Freilandflächen des Oberfeldes. Letzteres wird deshalb als hochaktives Kaltluftentstehungsgebiet bezeichnet. Diese Kaltluft fließt über den Grünzug Oberwald-Oberfeld-Rosenhöhe-Mathildenhöhe bzw. Meiereibachwiesen-Großer Woog in das durch seine Kessellage smoggefährdete Stadtzentrum. Das Oberfeld trägt so wesentlich zur Verbesserung des Stadtklimas bei.

Zugleich ist das Oberfeld Lebensraum. Ob im oder auf dem Boden, in der Luft oder in den Übergangszonen von Feld und Wald – zahlreiche Pflanzen und Tiere sind hier beheimatet. Eine systematische Erfassung der Fauna und Flora des Oberfeldes gibt es nicht – nur in Einzelbereichen wurde das Vorkommen bestimmter Lebensformen genauer unter die Lupe genommen.

So ist das Erdreich des Oberfeldes wie jeder gesunde Boden Lebensraum von unzähligen Bakterien, Pilzen und Kleinlebewesen. Mäuse nutzen den Untergrund als Zuflucht- und Niststätte. Maulwürfe graben im Bereich der Molkenbachaue ihre Gänge. Auch Erdkröten werden hier vermutet.

Und natürlich bevölkern Käfer und Spinnen den Boden des Oberfeldes.

Dazu zählen verschiedenste Arten der Laufkäfer (Carabidae): Breit- und Eilkäfer, Dammläufer, Grabkäfer, Kahn- und Kanalläufer oder Listkäfer. Meist zeichnen sich diese durch eine dunkle – schwarz, dunkelbraun, bläulich, bronzefarbene – und glänzende Oberfläche aus. Aber auch grün-metallisch schimmernde Arten kommen vor: so der Goldlauf- oder Bombardierkäfer. Dagegen tragen die Putzläufer oder Zweifleck-Kreuzläufer gefleckte Deckflügel, die – wie bei den übrigen Laufkäfern – meist gerillt oder auch gekörnt sein können.

Besonders auffällig sind auch die Uferläufer mit ihren violetten oder bläulichen Augenflecken. Entsprechend der Vielzahl der Arten und Unterarten besiedeln die Laufkäfer ganz unterschiedliche Lebensräume: Wald, Hecken, aber auch Ackerflächen.

Viele ernähren sich räuberisch von Insekten und Gliederfüßlern; zudem können Schnecken und Regenwürmer bei den größeren Laufkäfern auf dem Speiseplan stehen. Die Kanalläufer sind dagegen auf Getreidekörner spezialisiert. Und natürlich suchen auch die Marienkäfer auf dem Oberfeld nach Nahrung.

Mit einem Gespinst ausgekleidete Erdhöhlen sind der bevorzugte Lebensraum der Wolfsspinne. Diese geht vor allem nachts auf Jagd auf Insekten, die sie aus kurzer Distanz anspringt.

Je nach Bodenzusammensetzung und Feuchtigkeit besiedeln in den Ackerflächen die unterschiedlichsten Beikräuter das Oberfeld. Im südlichen Bereich sind Kanadisches Berufkraut, Moose, Melde und Mohn vorherrschend. Während das hoch wachsende Berufkraut auf einen gut durchwurzelbaren Untergrund hinweist, verraten Moose vorhandene Staunässe. Melde zeigt ebenfalls einen eher feuchten Untergrund an. Dagegen ist die im südöstlichen Gebiet auftretende Geruchslose Kamille Zeichen für einen flachgründigen Boden. In der feuchten Umgebung der Molkenbachaue sind neben Melde auch Ampfer und Gänsedistel zu finden.

In der sich nach dem Zweiten Weltkrieg ausformenden industrialisierten Landwirtschaft hatten Beikräuter im Acker und an den Wegrändern oder gar die bewirtschaftete Flächen begrenzenden Hecken keine Existenzberechtigung. Brutgelegenheiten für Vögel, Rückzugsorte für Hasen und Igel, Unterschlupf für Kröten und Eidechsen wurden so zur Mangelware.

Die erhöhte Sensibilität in ökologischen Fragen rückte seit den 70er-Jahren auch das Oberfeld in den Fokus von Naturschützern in Vereinen und Behörden. Dabei ging es vor allem darum, die Monotonie der Kultursteppe Oberfeld zu durchbrechen. Denn was einerseits den ästhetischen Reiz dieses Landstriches ausmachte, seine offene Lage, die kahlen, weiten Flächen, begünstigte andererseits deren biologische Verarmung. Bäume und Sträucher, die zum Lebensraum vieler Tiere gehören, gab es nicht.

Zur Förderung der Artenvielfalt wurden deshalb Feldholzinseln angelegt: Diese Areale, bepflanzt mit Feldahorn, Birke, Heckenrose, Vogelkirsche, Hasel, Eberesche, Liguster, Hainbuche, Schlehe und Hartriegel, sind gerade für kleinere Wirbeltiere (Mäuse, Igel, Kaninchen, Feldhasen, Reptilien), aber

# Regenwürmer

Manche Regenwürmer (Lumbricidae) leben direkt unterhalb der Bodenoberfläche (epigäische und anözische Arten). Andere (endogäische Formen) leben in bis zu zwei Metern Tiefe im Boden. Die nachtaktiven Regenwürmer sind überwiegend Substrat- und Pflanzenfresser, d. h., sie füllen ihren Darm mit Erde und vermodertem Pflanzenmaterial. Die aufgenommene Nahrung wird mit Hilfe des Muskelmagens zerrieben und im Mitteldarm verdaut. Ständig fressen sich die Regenwürmer kreuz und quer durch die Bodenschichten. Bakterien, Pilzsporen und zahlreiche Einzeller, die sich in der Erde befinden, werden dabei mit verdaut. Manche Arten verzehren auch Aas. Regenwürmer tragen wesentlich zur Bodenverbesserung bei: Durch ihre Aktivitäten werden nützliche Mikroorganismen gefördert und bodenfeindliche eingedämmt. Die bei ihren Grabungen entstehenden Röhren sind mit Schleim und Exkrementen ausgekleidet, die Pflanzen als Dünger dienen. Die Gänge versorgen den Boden zudem mit Sauerstoff und bieten Pflanzenwurzeln Halt. Der Boden wird durch die Grabungen gelockert, der Wasserabfluss gefördert.

Eine von der Bodenkundlerin Susanne Zimmer durchgeführte Untersuchung zur Verbreitung der Regenwürmer auf dem Oberfeld kommt zu dem Ergebnis, dass im Boden des Grünlandes mit Abstand die meisten Regenwürmer leben. Gründe hierfür sind die fehlende Bodenbearbeitung und das große Nahrungsangebot. Aber auch in diesem Bereich stellt Susanne Zimmer einen Mangel an tief grabenden Regenwürmern fest. Ihr Resümee: »Eine Zunahme aller drei Lumbricidae-Lebensformen wäre auf dem Oberfeld aufgrund ihres ... Beitrags zur Bodenfruchtbarkeit wünschenswert.« Die Chancen dafür stehen gut: Die Änderung der Fruchtfolge, der Düngung mit Mist und der Verzicht auf Mineraldüngung machen das Oberfeld als Wohnsitz für Regenwürmer wieder attraktiver.

auch für Vögel (Amseln, Rotkehlchen, Meisen, Buch- und Grünfinken, Dorngrasmücken, Girlitze, Heckenbraunellen, Stare, Stieglitze) wichtig. In einer ausgeräumten Ackerfläche finden diese Tiere weder Schutz- und Brutplätze noch Rückzugsmöglichkeiten vor natürlichen Feinden. In den freien, schutzlosen Raum eines Ackers wagen sich viele kleinere Tiere nur rund 100 bis 200 Meter vor. Doch auch die Landwirtschaft selbst profitiert von den Feldholzinseln: Die Gehölze bremsen den Wind, halten den angrenzenden Ackerboden feucht und dämmen so die Bodenerosion ein.

Kleingärten und Feldholzinseln sorgen zudem für wertvolle Übergangszonen, die gerade für die bedrohten Feldvögel (Feldlerche, Goldammer oder auch Rauchschwalbe) von existenzieller Bedeutung sind. Als sogenannte Kulturfolger sind die Feldvögel ideal an die ackerbauliche Tätigkeit des Menschen angepasst. Doch diese hat gerade im 20. Jahrhundert eine dramatische Entwicklung vollzogen: Die durch den Einsatz von Maschinen ermöglichte Bewirtschaftung immer größerer Flächen ließ Hecken verschwinden, Getreide wurde dichter ausgesät, die für viele

*Die Früchte der Pfaffenhütchens*

Vögel wichtigen Stoppelbrachen verschwanden. Stattdessen wurde vermehrt Raps und Wintergetreide angepflanzt. Grünland wurde entweder intensiv genutzt und in Folge häufig gemäht oder gar nicht mehr bewirtschaftet, was zur Verbuschung bzw. Verwaldung führte. Hinzu kam der vermehrte Einsatz von Pestiziden und Mineraldünger. Gerade aber die Ackerrandzonen an Wegen, Hecken, Feldholzinseln oder Kleingärten werden von Feldvögeln für die Aufzucht ihres Nachwuchses benötigt. Auch Blühstreifen und extensiv bewirtschaftetes Grünland bieten diesen Vögeln wertvolle Rückzugsräume. Die in der ökologischen Landwirtschaft geringere Saatdichte zur Vorbeugung gegen Pilzbefall kommt den Feldvögeln entgegen: Ihre Brut kann sich nach dem Schlüpfen so problemlos zwischen den Getreidehalmen bewegen.

Auch Greifvögel lassen sich auf dem Oberfeld beobachten – insbesondere nach der Mahd einzelner Ackerflächen. Dann drehen Rot- und Schwarzmilan auf der Suche nach Beute ihre Runden über den abgeernteten Feldern, ebenso der Mäusebussard. Rund 15 vom Naturschutzbund (NABU) errichtete Sitzstangen stehen bei Kleingärten und Feldholzinseln,

*Weide im Frühjahr*

## Die Feldlerche

Noch vor Jahrzehnten war die Feldlerche (Alauda arvensis) ideal an die Landwirtschaft angepasst und daher ein Allerweltsvogel. Mittlerweile ist sie auf der Roten Liste der bedrohten Brutvögel zu finden. Der 16 bis 18 Zentimeter große Vogel, dessen männliche Exemplare eine leicht aufgestellte Haube auf dem Kopf tragen, siedelt sowohl im Grünland als auch im Acker, baut sich in Bodenmulden oder unter Stauden sein Nest, in dem er bis zu drei Jahresbruten mit jeweils zwei bis fünf Eiern heranzieht. Die Feldlerche ernährt sich von Insekten, Spinnen, Schnecken und Regenwürmern, aber auch von Samen und Pflanzenteilen. Das Oberfeld ist derzeit der einzige innenstadtnahe Lebensraum der Feldlerche auf Darmstädter Gemarkung.

die den Greifvögeln als Ansitz dienen sollen. Gerade der Mäusebussard braucht solche Sitzgelegenheiten, da er aus dieser Ruheposition heraus seine Beute ins Visier nimmt.

Die Sitzkrücken werden auch vom Waldkauz genutzt – ein Gast aus den angrenzenden Waldgebieten, an dessen Randbereichen Feldahorn, Hasel, Kirsche, Holunder, Schneeball, Pfaffenhütchen, Hartriegel, Brombeeren, Ginster, Weißdorn, Waldrebe und Hainbuchen wachsen. Zwischen Gehölz- und Wegesaum sowie an den Ackerrändern sind Rotklee, Spitzwegerich, Hahnenfuß, Löwenzahn, Johanniskraut, Brennnessel, Goldrute, Gewöhnliches Leinkraut, Schafgarbe, Rainfarn, Wegwarte, die große Sternmiere, Wolfsmilch- und Hahnenfußgewächse, das Hirtentäschelkraut, Wicken, Ginster, die Rote und die Weiße Taubnessel, Knoblauchsrauke, Ackerschachtelhalm, Disteln und Ehrenpreis zu finden.

Auch andere Waldvögel beziehen das Oberfeld als Beuterevier mit ein: Bunt-, Grün- und Grauspecht, Kuckuck, Ringeltaube, Sing- und Wacholderdrossel, Zaunkönig und Zilpzalp. Gelegentlich sind auf dem Oberfeld auch Graureiher, Grau- und Nilgänse oder gar Weißstörche zu

*Krähe und Reiher auf Beutesuche*

beobachten, die die Ackerflächen zum kurzen Zwischenstopp nutzen. Gleiches gilt für ziehende Vögel wie Finken, Ammern, Drosseln, Schaf- und Bachstelzen, die im Herbst und Winter hier ebenfalls Station machen. Und natürlich ist das Oberfeld für Rehe und Füchse ein kurzzeitiges Ausflugsziel. Nicht zu vergessen die Wildschweine, die bei ihrer Nahrungssuche immer wieder erhebliche Schäden auf den Ackerflächen und Wegrändern hinterlassen.

Das Oberfeld gehört auch zum Jagdrevier von Vögeln, die sich die Nähe des Menschen nutzbar gemacht haben. So brüten in den Gebäuden des Hofgutes Oberfeld Rauchschwalben, die ebenso wie die Feldlerche auf der Roten Liste der gefährdeten Brutvögel stehen. Ihr Lebensraum wurde vielfach durch die Modernisierung landwirtschaftlicher Gebäude und die Aufgabe von Höfen eingeengt. Dabei gehören Kuhställe, Scheunen und Schuppen zu den bevorzugten Nistplätzen der Rauchschwalben, die ihre aus Ton, Lehm oder Schlamm bestehenden Nistschalen an Wänden oder Mauervorsprüngen errichten. Auch der Turmfalke scheut die Nähe des Menschen nicht und nutzt andererseits die Weite des Oberfeldes zur Jagd. Wie er kommen auch Garten- und Hausrotschwanz, die Bachstelze, der Haussperling und Mauersegler aus den Gärten der an das Oberfeld angrenzenden Wohngebiete. Derzeit laufen außerdem Bemühungen, die Mehlschwalbe auf dem Hofgut an-

*C-Falter*

zusiedeln und der Schleiereule eine Brutmöglichkeit zu schaffen.

Den Luftraum über dem Oberfeld beherrschen jedoch eindeutig die Rabenkrähen. Ihre Vielzahl bereitet gerade Vogelschützern Kopfzerbrechen. Denn die Rabenkrähen haben es nicht nur auf die Brutgelege der Feldlerche abgesehen, sondern stehen als Allesfresser auch in Nahrungskonkurrenz zu den Greifvögeln. Genauer hinsehen muss man hingegen bei den zahlreichen Insekten, die im Bereich des Oberfeldes umherschwirren. Leichter zu entdecken sind dagegen Kohlweißling, Zitronen- und Aurorafalter, Tagpfauenauge oder der C-Falter.

Auch der Mensch ist Teil des Ökosystems Oberfeld. Und das nicht allein durch die landwirtschaftliche Nutzung, die diesen Lebensraum ja erst geschaffen hat. Direkt und indirekt greift der Mensch in das Ökosystem Oberfeld ein. Gelegen im dicht besiedelten Rhein-Main-Gebiet und damit in der Nähe des Frankfurter Flughafens, lassen die über das Oberfeld fliegenden Jets, die Errungenschaften moderner Technik, den Erholungssuchenden nie vollkommen los. Der hin und wieder auftretende Lärm der Flugzeugmotoren über dem Oberfeld erinnert an die Schattenseiten der Zivilisation. Je nach Windrichtung ist zudem der aus der Stadt kommende Verkehrslärm allgegenwärtig.

Doch der menschliche Einfluss macht sich auch ganz unmittelbar bemerkbar. Weggeworfener Müll ist die offensichtlichste Hinterlassenschaft. Ihre Spuren hinterlassen zudem die mit den Menschen auf das Oberfeld kommenden Hunde. Hundekot auf einer Wiese beeinträchtigt die Heuernte, nach Mäusen grabende Hunde zerstören die Grasnarbe. Freilaufende Hunde sind nicht nur – wie oben geschildert – für weidende Schafe eine Bedrohung, sondern gefährden zugleich viele Vögel, beispielsweise die am Boden brütende Feldlerche. Selbst wenn die Hunde keine Nester ausrauben, allein ihre Anwesenheit lässt die Bodenbrüter immer wieder vom Nest aufschrecken, sodass die Eier erkalten und absterben.

Selbst eine eher harmlose Freizeitbeschäftigung wie das Steigenlassen von Drachen sehen Vögel mitunter mit gemischten Gefühlen. Für viele Vögel, auch große Greifvögel, signalisieren die hin und her schwingenden Flugobjekte Bedrohung und Gefahr.

Um die ökologische Weiterentwicklung des Oberfeldes kümmert sich – organisiert vom Hofgut – eine eigens gebildete Arbeitsgruppe. Diskutiert wird Grundsätzliches: Sollen – wie nach dem Biotopentwicklungsplan von 2004 der Stadt Darmstadt vorgesehen – weitere Flächen aus der Bewirtschaftung herausgenommen werden und so beispielsweise weitere Feldholzinseln bzw. eine am südöstlichen Rand gelegene, von Staunässe geprägte Ackerfläche in eine Teichmulde verwandelt werden? Oder bedingt die mittlerweile erfolgte Umstellung auf biologisch-dynamische Landwirtschaft ein flexibleres Konzept, bei dem einzelne Flächen immer nur zeitweise aus der Bewirtschaftung herausgenommen werden, um die Interessen von Landwirtschaft (möglichst große zusammenhängende Flächen, Verhinderung von Unkrautbesatz) mit der Förderung der biologischen Vielfalt in Einklang zu bringen?

# Wildschweine

»Sus scrofa« lautet der lateinische Name des auf dem gesamten eurasischen Kontinent verbreiteten Wildschweins. Milde Winter, ein gutes Nahrungsangebot und das Fehlen natürlicher Feinde (dazu gehören Wolf, Braunbär und Luchs) haben nicht nur in dem um das Oberfeld liegenden Wald die Wildschweinpopulation stark anwachsen lassen. Weibliche Jungtiere (sogenannte Frischlingsbachen) sind bei den derzeitigen idealen Lebensbedingungen sogar oft vor Ende des ersten Lebensjahres geschlechtsreif und bringen nach einer Tragzeit von etwa 18 Wochen mehrere Junge (Frischlinge) zur Welt.

Auf dem Oberfeld können Spaziergänger den Wildschweinbesuch an aufgewühlten Wegrändern und Ackerflächen erkennen. Dort suchen die Tiere nach Wurzeln, Engerlingen, Mäusen, Schnecken und Pilzen. Selbst über Getreide und andere Feldfrüchte machen sich die Tiere her – und das auch mal am helllichten Tag. Schäden verursachen Wildschweinrotten nicht nur durch das Abfressen von Ähren. Machen es sich die Wildschweine in einem Getreidefeld bequem, sind die platt gewalzten Getreidehalme für den Landwirt nicht mehr zu gebrauchen.

*Wildschweinspuren auf dem Oberfeld*

Jagdpächter bejagen die in der Jägersprache als »Schwarzwild« oder »Sauen« bezeichneten Wildschweine daher regelmäßig. Oft ein mühsames Unterfangen, da die Zeit zwischen Dämmerung und dem Auftauchen erster Spaziergänger – die die Wildschweine verschrecken – nur kurz ist. Dennoch: Landwirte und Jäger arbeiten Hand in Hand, um die Wildschweinpopulation in Schach zu halten. So dienen die mitten auf dem Feld abgestellten Anhänger den Jägern als zusätzliche Hochsitze. Das Fleisch der erlegten Wildschweine geht in die Gefriertruhen von Jägern und Privatabnehmern, zum Teil auch in die örtliche Gastronomie.

*Ein mitten auf dem Feld abgestellter Anhänger dient als provisorischer Jagdsitz*

# Erholungsraum Oberfeld

Dass auf dem Oberfeld ein Zeppelin landet, wie im Jahr 2004 geschehen, ist eher die Ausnahme. Allgegenwärtig sind dagegen die Spaziergänger, Jogger, Radfahrer und Reiter. Die Wege, die von diesen genutzt werden, hatten ihren Ursprung zunächst in zwei Hauptwegen, die bereits im 15. und 16. Jahrhundert für die Darmstädter Bevölkerung von zentraler Bedeutung waren. Auf dem Dieburger Weg, ehemals Herdel- bzw. Herlenweg genannt, wurde das Vieh zur Mast in den Wald bzw. auf die zwischen den »Hirschköpfen« an der Fasanerie und Steinbrücker Teich gelegene Nachtweide getrieben. Der zweite Weg war der Seitersweg mit seiner Verlängerung – dem Judenpfad. Zu diesen Hauptwegen gesellten sich weitere Verbindungswege nach Roßdorf, Dieburg und zu den Scheftheimer Wiesen.

Dass die Wege des Oberfeldes zur Erholung beschritten werden, ist eine noch recht junge Entwicklung. In der zweiten Hälfte des 19. Jahrhunderts erwachte mit der zunehmenden Industrialisierung und den damit einhergehenden Begleiterscheinungen – wuchernde Städte, beengte Wohnverhältnisse, schlechte Luftverhältnisse – der Wunsch nach Erholung in freier Natur. Der 1863 gegründete »Verschönerungsverein für Darmstadt

und Bessungen« hatte es sich zur Aufgabe gemacht, in der unmittelbaren Umgebung zur Stadt Wege anzulegen und Ruheplätze einzurichten. So auch im Bereich des heutigen Oberfeldes: 1869 wurde der südlich des heutigen Oberfeldes liegende Glasberg als Aussichtspunkt hergerichtet. Noch im frühen 20. Jahrhundert hat sich der Verlauf einiger Wege immer wieder verändert, hatten diese noch nichts von der – teilweise asphaltierten – Unverrückbarkeit der Gegenwart. Die folgenden Wegenamen sind oder waren mit dem Oberfeld verbunden:

**Seitersweg** – dieser Name bezieht sich wohl auf den alten Flurnamen »Im Seiter«. Diese Bezeichnung dürfte ihre Entstehung der Tatsache zu verdanken haben, dass das Gelände seitlich an der dort vorhandenen Hauptstraße – der heutigen Dieburger Straße – gelegen war. Der Seitersweg verdeutlicht in seinem Verlauf vom stark befahrenen Fiedlerweg bis zum Oberfeld den allmählichen Übergang von Stadt und Landschaft. Nahtlos geht er in den Judenpfad über.

**Judenpfad** – verlängert den Seitersweg in den Darmstädter Stadtwald hinein. Für den Namen lassen sich vielerlei Herleitungen finden: Ein angeblich von Schmugglern oder Juden genutzter Pfad zur Umgehung der Zollstelle Einsiedel, ein alter jüdischer Handelsweg nach Dieburg und Roßdorf, aber auch die Herleitung aus einem Flur- oder Personennamen liegen im Bereich des Möglichen.

**Scheftheimer Weg** – auf diesem Weg wurde das Darmstädter Melkvieh auf die erstmals 1581 erwähnte Scheftheimer Wiese getrieben. Ob

der Weg auch zu einer Ansiedlung Namens Scheftheim führte, lässt sich nur vermuten.

**Katharinenfalltorweg** – die einzige Erinnerung an das ehemalige Katharinenfalltor, das im 18. Jahrhundert Teil der 20 Kilometer langen Wildschutzanlage war. Der Katharinenfalltorweg führt auf die Katzenschneise, der einstigen Gemarkungsgrenze zwischen Darmstadt und Bessungen. Zeitweise trug ein Teil dieses Weges den Namen Mühlweg – er führte von der Neumühle (heute Botanischer Garten) zum Oberfeld.

**Hammelstrift** – dieser Name erinnert an den Schaftrieb vergangener Zeiten. Heute trägt nur noch der östliche Rand des Oberfeldes diesen Namen. Zuvor war auch der Parkweg als Hammelstrift bezeichnet worden.

**Seiterswiesenweg** – die Abzweigung des Seitersweges führt zum Scheftheimer Weg und nimmt Bezug auf die hier liegenden Wiesen.

**Seiterswiesenschleifweg** – dieser Weg erinnert an einen temporären Pfad, der zur Erntezeit durch den Acker »geschleift« wurde und im Frühjahr wieder in der Ackerfläche verschwand.

**Parkweg** – der Weg führt heute am Nord- und Ostrand des Oberfeldes

entlang und wurde noch Anfang des 20. Jahrhunderts auch als Hammelstrift bezeichnet. Der östliche Teil geht wohl auf die Initiative des Verschönerungsvereins zurück, der 1900 eine Verbindung von Backenofenschneise und Brunnersweg herstellte.

**Querweg** – wie der Name sagt: Quer durchs Oberfeld zieht sich diese Verbindung von Scheftheimer Weg zum Judenpfad. Weiter östlich stellt eine weitere Wegstrecke die Verbindung von Judenpfad und Parkweg her. Einen offiziellen Namen hat dieses Teilstück jedoch nicht, auch der Name Querweg ist offiziell in keiner Karte verzeichnet.

**Molkenbachweg** – der Weg verbindet Seitersweg und Seiterswiesenschleifweg. Die durchgängige Verbindung ist neueren Datums und wurde auf Wunsch des Altenzentrums an der Dieburger Straße als direkte Verbindung zum Oberfeld geschaffen.

**Ludwig-Engel-Weg** – vom Löwentor quer über die Rosenhöhe bis zum Seiterswiesenweg erstreckt sich der nach dem ehemaligen Darmstädter Oberbürgermeister benannte Weg. Noch bis Ende der 90er-Jahre endete der Weg am Spanischen Turm. Einen direkten Zugang vom Park Rosenhöhe zum Oberfeld gab es nicht. Der damalige Bürgermeister Horst Knechtel betrieb mit Nachdruck die Ver-

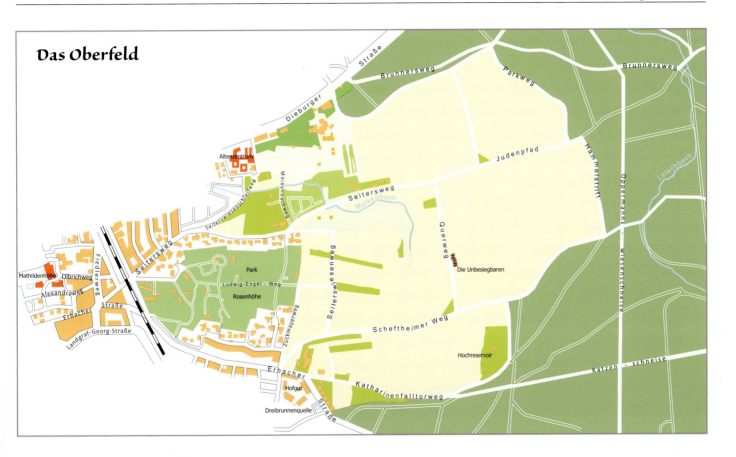

längerung auf das Oberfeld. Ein Plan, der in der Öffentlichkeit nicht nur auf Gegenliebe stieß: Zahlreiche Leserbriefschreiber plädierten für die klare Trennung von Parkgelände und landwirtschaftlicher Fläche. 1998 fiel dann die Entscheidung: Horst Knechtel rang dem Oberfeldpächter Eberhard Vierling die für die Anlage des Weges notwendige Fläche ab. Auszubildende des Gartenamtes übernahmen dann die Herstellung des heute stark frequentierten Weges. Doch nicht nur Spaziergänger schätzten die direkte Verbindung von Oberfeld und Rosenhöhe. Auch Wildschweine nutzten den freien Zugang zum Parkgelände und richteten dort erhebliche Schäden an. Seit einigen Jahren hält daher ein an der Geländegrenze in den Boden verlegter Rost die Wildschweine von weiteren Parkausflügen ab.

Übergang vom Park Rosenhöhe zum Oberfeld

Die Wege über das Oberfeld führen Ausflügler von der Stadt zu Oberwaldhaus und Steinbrücker Teich und zur Grube Prinz-von-Hessen. Der landschaftliche Reiz des Oberfeldes ist auch in regionale und überregionale Fuß- und Radwegeverbindungen eingebunden. So führt der von Grövelsjön-Sälen (Schweden) über Göteborg, Hamburg, Frankfurt, Konstanz, Lugano und Genua bis nach Castellucio (Italien) führende Europäische

Fernwanderweg E1 über das Oberfeld. Vom Oberwaldhaus führt der durch ein weißes Kreuz gekennzeichnete, insgesamt fast 5000 Kilometer lange Wanderweg am östlichen Feldrand entlang zum Hofgut und von dort zum Botanischen Garten.

Der 2008 offiziell durch den Odenwaldclub und den Sponsor Sparkasse eröffnete Sieben-Hügel-Steig führt vom Prinzenberg in Eberstadt bis zur Rosenhöhe und streift das Oberfeld an seinem südwestlichen Rand. Markiert ist der Weg durch das rote Sparkassen-S.

Radfahrer, die auf den lokalen Radwanderrouten 0 (Darmstadt-Fiedlerweg zur Grube Prinz-von-Hessen), 15 (Langener Waldsee bis Alsbach-Hähnlein) und 20 (Rheinfähre Kornsand bis Dorndiel) unterwegs sind, queren ebenfalls das Oberfeld. Von den Hessischen Fernradwanderwegen durchläuft der R8 das Darmstädter Oberfeld.

*Heinerman 2010*

# Im Untergrund

Das Oberfeld liegt an der Nahtstelle von Messeler Hügelland und den nördlichen Ausläufern des vorderen Odenwalds. Unterhalb der humosen Bodenschicht des Oberfeldes stößt man auf Melaphyr – ein schwarz, violett oder rötlich braun gefärbtes Gestein vulkanischen Ursprungs.

*Die topografische Karte von 1899 gibt die Lage der Steinbrüche wieder*

Dass auf alten Karten im südlichen Oberfeld und beim nahe gelegenen Glasberg Steinbrüche eingezeichnet sind, lässt schon erahnen, dass die Bewohner Darmstadts diesen geologischen Schatz bereits früh zu nutzen wussten. So wurde im 14. und 15. Jahrhundert das am Oberfeld abgebaute Melaphyr für den Bau der Darmstädter Stadtmauer verwendet. Mit Ochsenkarren brachte man die Steine in die Stadt, wo sie zusammen mit Kalkmörtel verarbeitet wurden. Später nutzte man das Material hauptsächlich für Pflasterarbeiten. Im 18. Jahrhundert finden sich in Flur- und Lagebezeichnungen immer wieder Hinweise auf die Steinbrüche: »linkerhand obig den 3 Brunnen über dem Weg außen zu neben der Steinkaut«. Auch nach Kupfer und Eisenerz wurde zeitweise geschürft, zuletzt in der Mitte des 19. Jahrhunderts im

Bereich des Glasberges. Mangels Rentabilität waren diese Aktivitäten nur von kurzer Dauer.

Ende des 19. Jahrhunderts erstellte Karten geben die Lage der ehemaligen Steinbrüche deutlich wieder: Am südlichen Querweg erstreckte sich ein lang gezogener Steinbruch. Er wurde in den 30er-Jahren des letzten Jahrhunderts zugeschüttet. Drei kleinere Steinbrüche befanden sich westlich des Mühlweges bzw. Katharinenfalltorweges. Südlich des Scheftheimer Weges lag am Waldrand ein weiterer Steinbruch. Nach dem Zusammenbruch des Dritten Reichs (die Hitlerjugend hatte den Steinbruch am Glasberg als Freilichttheater genutzt) wurde ein Teil der Kriegsruinen dort abgelagert und bis in die 70er-Jahre hinein mit Bauschutt verfüllt. Heute befindet sich im Bereich des großen Steinbruchs an der Scheftheimer Straße der Hochbehälter der HEAG Südhessische Energie AG – kurz HSE.

Über einen Zeitraum von drei Jahren – von 1985 bis 1988 – erstreckten sich die Bauarbeiten an dem Hochreservoir, das das alte, aus den 70er-Jahren

*Blick in das mit Wasser gefüllte Hochreservoir*

*Der Eingang zum Hochreservoir*

des 19. Jahrhunderts stammende Wasserreservoir auf der Mathildenhöhe ablösen sollte. Für den Bau des aus zwei Kammern à 15 000 Kubikmeter fassenden Reservoirs wurde ein Teil des Bauschutts abgetragen, sodass die beiden Kammern jeweils zur Hälfte im Boden verschwanden, die andere Hälfte über die Bodenkante hinausragte. Der über der Oberfläche liegende Teil wurde mit Erde bedeckt und ringsum bepflanzt – eine Auflage der Stadt, die dazu führte, dass sich das Hochreservoir heute nahtlos in das wellige Landschaftsbild einfügt. Nur unmittelbar an dem am Waldrand gelegenen Eingang zum Hochbehälter lässt sich erahnen, dass hier ein größerer Bau versteckt sein muss.

Das Hochreservoir dient als Puffer zwischen verbrauchsstarken und verbrauchsarmen Zeiten und kann im Notfall – bei Ausfall der Pumpen in den Wasserwerken im Hessischen Ried – die Versorgungssicherheit Darmstadts und der ebenfalls an die HSE-Wasserversorgung angeschlossenen umliegenden Gemeinden für einen halben Tag garantieren. Über eine Leitung wird der Hochbehälter (bei niedrigem Verbrauch) gefüllt und (bei hohem Verbrauch) geleert – auch diese verläuft über das Oberfeld, in Sand gebettet, etwa zwei Meter unter der Erdoberfläche.

*Bild rechts: Akustische Übungen im noch ungefüllten Hochreservoir*

# Wege der Kultur zum Oberfeld

Der Weg, den sich die Kaltluft in das Darmstädter Stadtzentrum bahnt, ist nicht nur als Frischluftschneise von Interesse. Wer sich in umgekehrter Richtung auf den Weg vom Schloss hinauf auf das Oberfeld macht, kommt vorbei an wichtigen Stationen der Stadtgeschichte, passiert Bauwerke, Brunnenanlagen und Skulpturen unterschiedlicher Stilepochen und kann in die Gartenkultur vergangener Zeiten eintauchen. Schon in der ersten Hälfte des 20. Jahrhunderts war den Stadtvätern der Wert dieser Verbindungslinie bewusst. In den 60er-Jahren wurden dann Fakten geschaffen: Die Erich-Ollenhauer-Promenade, die sich vom Schloss zur Mathildenhöhe zieht, wurde als fußläufige Verbindung angelegt. Von der Mathildenhöhe ist es dann nur noch ein Katzensprung über die Rosenhöhe zur Weite des Oberfeldes.

*Der stürzende Reiter von Waldemar Grzimek*

Vom Schloss als Ausgangspunkt führt die Erich-Ollenhauer-Promenade rechts am Darmstadium, dem 2007 eröffneten Wissenschafts- und Kongresszentrum, vorbei an Staudenbeeten, die sich keilförmig von einer Reiterfigur Waldemar Grzimeks nach oben ausbreiten. Es folgen die Gebäude der Fraunhofer Gesellschaft und der Meisterbau von Ernst Neufert – das ehemalige Ledigenwohnheim.

Am Fuß der Mathildenhöhe stehen zwei Sandsteinbrunnen, die Joseph Maria Olbrich für die 1905 im Bessunger Orangeriegarten abgehaltene Gartenbauausstellung entworfen hat. Daneben steht die Plastik »Die Badende« von Bernhard Hoetger. Schier unzählig die Attraktionen der Mathildenhöhe: Hochzeitsturm, Platanenhain, die Russische Kapelle, die Brunnen-

*Der Hochzeitsturm*

Haus über die Odenwaldbrücke zum Löwentor, dem markanten Eingang der Rosenhöhe.

Anfang des 19. Jahrhunderts im Auftrag der Großherzogin Wilhelmine als Landschaftsgarten angelegt, entstand unter dem letzten Großherzog Ernst Ludwig mit dem Rosarium ein formal gestalteter Gartenraum, der – so der Wunsch des Großherzogs – englische und italienische Gartenkunst miteinander vereinen sollte. Vorbei an den Streuobstwiesen und dem Spanischen Turm geht es dann zum Oberfeld.

Ein weiterer, etwas südlicher gelegener Grünzug erschließt ebenfalls von der Innenstadt aus das Oberfeld. Er beginnt am Messplatz mit dem frisch renovierten Jugendstilbad und führt entlang des Darmbachs durch die Rudolf-Müller-Anlage, passiert den

*Der Spanische Turm*

anlage und der Schwanentempel von Albin Müller. An der höchsten Stelle thronen das Ausstellungsgebäude und das Ernst-Ludwig-Haus, erbaut als Atelierhaus der Darmstädter Jugendstil-Künstler. Richtung Rosenhöhe geht es vorbei am Oberhessischen

Woog, einige Sportanlagen und den Botanischen Garten. Von dort führt der Weg an den Bahngleisen zur Dreibrunnenquelle am Hofgut und zum Oberfeld.

# Die Unbesiegbaren

Egal, ob man vom Hofgut, der Rosenhöhe oder dem Seitersweg auf das Oberfeld stößt. Oder ob man gerade vom Wald kommend die hügeligen Kuppen des Oberfeldes überquert hat. Weithin sichtbar streckt sich die von Detlef Kraft geschaffene Skulptur »Die Unbesiegbaren« gen Himmel. Die Aktion »Hommage an das Oberfeld« bot dem aus Berlin stammenden Bildhauer die Gelegenheit, »eine andere Dimension« auszuprobieren, ein wahrlich großes Kunstwerk zu schaffen.

Detlef Kraft hat hierfür bereits gefällte Kastanienbäume und eine Esche aus dem Park der Villa Flotow verwendet – die V-Form der Stammgabelung hatte es ihm angetan. Die bereits stark lädierten Stämme hat Kraft mit einem Drahtgeflecht und Putz verkleidet. Zu seinem auf einem rein formalen Konzept aufgebauten Werk inspiriert hat ihn das im Darmstädter Landesmuseum ausgestellte Kunstwerk »Der Unbesiegbare« von Joseph Beuys: Ein Bleisoldat zielt mit seinem Gewehr auf einen vor ihm platzierten, aus Knetmasse geformten Hasen. Wie Beuys ist auch Detlef Kraft von Hasen fasziniert.

Den Standort am Rand des Querweges hat Detlef Kraft selbst gewählt – besser ging es nicht. Da Detlef Kraft eigentlich nichts davon hält, das Oberfeld »zu möblieren«, war ursprünglich vorgesehen, die Skulptur nach Ausstellungsende wieder abzumontieren. Doch die Publikumsresonanz war so positiv, der Wunsch, die »Hasenohren«, wie das Kunstwerk schnell inoffiziell betitelt wurde, stehen zu lassen, so oft geäußert, dass Kraft dieser Bitte nachkam.

Unklar ist die Zukunft der »Unbesiegbaren«. Sie waren nicht für die Ewigkeit konzipiert. Die Stämme sind im Innern morsch. Zum Problem wird so auf lange Sicht die Standfestigkeit. Einen kleineren Stamm musste Kraft bereits erneuern. Für die Idee, »die Unbesiegbaren« als Bronzeguss in eine dauerhafte Form zu bringen, fehlen derzeit die finanziellen Mittel.

*Joseph Beuys: Der Unbesiegbare*

# Die Kunst und das Oberfeld

Nicht nur als Natur-, sondern auch als Literatur- oder Kunstfreund kommt man am Oberfeld nicht vorbei. Das Oberfeld ist seit Jahrhunderten fest in den Herzen und Gedanken der Darmstädter verwurzelt – und fand deshalb immer wieder Eingang in die Literatur der südhessischen Metropole. Im Datterich, der von Ernst Elias Niebergall verfassten Lokalposse aus dem 19. Jahrhundert, die das verzwickte Verhältnis des Tunichtguts Datterich mit seinem bürgerlichen Umfeld schildert, ist die bekannte Dreibrunnenszene eine Reminiszenz an das Oberfeld.

Der in Darmstadt geborene Mundartdichter Robert Schneider, der die Zerstörung seiner Heimatstadt Darmstadt im Zweiten Weltkrieg nicht verwinden konnte und 1945 Selbstmord beging, hat in zwei Liebeserklärungen an das Oberfeld, den Gedichten »Summerabends« und »Filister-Stimmung« die Stimmung des Oberfeldes festgehalten (siehe Seiten 9 und 136).

Das Festhalten persönlich erlebter Oberfeld-Eindrücke steht auch im Vordergrund der 1986 im Sammelband »Erlebte Vergangenheit – Darmstädter Bürger erzählen« von Hans Feigl veröffentlichten Hommage an das Oberfeld, die von Ausflüglern, dem herbstlichen Drachensteigenlassen und dem Zurücklassen des Alltags berichtet. Egal, ob das Darmstädter Echo (1981) eine – auch als Buch veröffentlichte Serie – über das romantische Darmstadt startet oder die ehemalige Bundesjustizministerin und Darmstädter Bundestagsabgeordnete Brigitte Zypries einen Band mit Darmstädter Lieblingsplätzen herausgibt: Das Oberfeld darf nicht fehlen.

Die Kinderbuchautorin und Lyrikerin Renate Axt beginnt ihren 1999 herausgegebenen Gedichtband »Nur im Flug aufwärts« mit der Impression »Vom Oberfeld zur Nordsee«. Ein bereits zuvor entstandener Prosatext bildete dafür die Grundlage. Auch für andere

*Datterichszene an der Dreibrunnenquelle Relief von Gotthelf Schlotter*

Gedichte war das Oberfeld für die in Darmstadt lebende Autorin Quelle der Inspiration. Und selbst ein ganzer Roman ist dem Oberfeld gewidmet: Der 2007 von Katja Behrens verfasste »Roman von einem Feld«. Vor dem Hintergrund des jahreszeitlichen Wechsels in der Natur lässt Behrens aus den Blickwinkeln von Bauern und Mägden, Soldaten und Gutsherren die alte und neue Geschichte des Oberfeldes aus deren ganz persönlicher Sicht vorüberziehen.

Auch auf Leinwand und Zelluloid wurde das Oberfeld verewigt. Die Maler Georg Altheim, Ferdinand Barth sowie der Grafiker Helmut Lortz haben Momentaufnahmen des Oberfeldes mit Stift und Pinsel festgehalten. 1997 diente das Oberfeld als Kulisse für die ZDF-Sendung »Ein Halali auf Kranichstein«. Der Darmstädter Reiterverein inszenierte auf dem Feld in roten Röcken eine Fuchsjagd.

Mit seiner exponierten Lage ist das Oberfeld in den letzten Jahrzehnten zudem als Ausstellungsort entdeckt worden. Den Anfang machte 1981 die Bildhauerin Vera Röhm. Ihre »Installation Oberfeld« besteht aus 81 als »Ergänzungen« bezeichneten Balken aus Holz und Plexiglas. Die gewählten Materialien vereinigen Gegensätzliches: Naturprodukt und synthetischen Kunststoff. Die Kunsthistorikerin Anca Arghir schrieb 1987 über Vera Röhms Werk:

»Erst die Aufstellung der Holz- und Plexiglasbalken gewährt Einsicht in den räumlichen Prozess, den die Ergänzungen über ihre von fesselnden Strahleffekten bestimmte Einwirkung hinaus als Komplex vollziehen. Hier werden sie in rhythmischen, gleichwertigen Abständen auf solche Weise gestellt, dass sie eine begehbare Konstellation bilden. Nicht bloß die Wahrnehmung der Einzelwerke löst jetzt das ästhetische Erlebnis aus, sondern das synergische Moment des Gesamteindrucks. Die Künstlerin bewirkt von hinter den Kulissen ein Zeremoniell des Schreitens.«

Im Jahr 2005 fand im Rahmen des 675-jährigen Stadtjubiläums der Stadt Darmstadt die »Hommage an das Oberfeld« statt, ein über zwei Monate währendes, vom Atelierhaus Vahle organisiertes »Land-Art-Projekt«. Neben Musikvorstellungen, Vorträgen und Performances waren in der Innenstadt und auf dem Oberfeld selbst diverse Kunstinstallationen zu sehen. Die beteiligten Künstler waren: Albrecht Haag, Charles Neuweger,

*Bild rechts: »Installation Oberfeld« von Vera Röhm, 1981*

Katja Kölle, Francois Frechet, Insa Winkler, Sigrid Siegele, Roger Rigorth, Marco Dessardo, Cornelia Konrads, Birgit Cauer, Georg Sacher, Kurt W. Hofmann und Detlef Kraft. Bis heute erhalten sind Cornelia Konrads »Passage« am Scheftheimer Weg – ein am Waldrand aus Zweigen formiertes Tor zum Feld – sowie »Die Unbesiegbaren« von Detlef Kraft.

Im Rahmen des Darmstädter Architektursommers 2008 kam das Oberfeld ebenfalls zu Ehren: 10 000 Teelichter brannten auf dem an die Rosenhöhe angrenzenden Acker. Die Idee zu der unter dem Titel »Oberfeld brennt« stehenden Performance stammte von Ludmila und Vladislav Kirpichev, beide Gastdozenten an der Hochschule Darmstadt. Sowohl die Ausstellung 2005 als auch die Performance 2008 wurden vom Darmstädter Film- und Videoclub dokumentiert.

*»Flügel für das Oberfeld« von Roger Rigorth*

# Filister-Stimmung
von Robert Schneider

Mild leiht die Ruh´ des Obends uff de Welt,
Un stillvergnüscht, wann aach uff Schusters Rabbe,
Geh´ einsam ich enaus dorch´s Obberfeld,
Nur um e bisje frische Luft zu schnabbe.

Un in de Hand schwing ich mein Rejescherm,
Mei weiche Strohhut drag ich in de annern,
Fern von de Großstadt ihr´m Raddau un Lärm,
Dann so dhut sich´s am allerbeste wannern.

Rings von de Felder steischt en feuschte Duft,
Un frisch gemäht leiht hoch des Korn uff Heife.
En alde Raab, den wo sein Weibsche ruft,
Sieht dort mer krächzend dorsch die Stobbel streife.

Langsam wird´s dungel hinnerm »Helle Kreiz«,
Im fernste Westen, weit, ganz weit dort hinne
Sieht Stick fer Stickelsche mer aach bereits
Die Sunn enab ins große Nix verschwinne.

Un wie ich steh´ im Feld, so ganz allaa,
Do werd´mer´s so, ich kann´s euch gar net saache –
So eigentümlisch – wie dem Wallenstaa –
Nur wußt´ im Aacheblick ich nix zu fraache.

Un übber misch kimmt jene große Ruh´,
Gedangetief dhu isch mei Peifsche stobbe
Un stolber langsam meiner Stammkneip´zu –
´s is halber neun – un Zeit zum Obendschobbe.

# Literaturverzeichnis

- Adreßbuch der Stadt Darmstadt, Darmstadt, 1974 und 1982
- Adreßbuch der Stadt Darmstadt, Mannheim, 2002
- Amtliches Adreßbuch Darmstadt, Darmstadt, 1935, 1954 und 1965
- Andres, Wilhelm: Aus Darmstadts Waldvergangenheit, Darmstadt, 1988
- Arghir, Anca : Die Ambiguität des Gegenstandes in: Vera Röhm. Ergänzungen/Integration, Kaarst, 1987
- Axt, Renate: Lichtpunkte, München, 1986
- Axt, Renate: Nur im Flug aufwärts, Darmstadt, 1999
- Battenberg, Friedrich, u. a.: Darmstadts Geschichte, Darmstadt, 1984
- Behrens, Katja: Roman von einem Feld, Darmstadt, 2009
- Bott, Barbara: Gemälde hessischer Maler des 19. Jahrhunderts im Hessischen Landesmuseum, Darmstadt/Heidelberg, 2008
- Darmstädter Wochenschau, Darmstadt, 1936
- Darmstädter Echo, verschiedene Ausgaben
- Darmstädter Tagblatt, verschiedene Ausgaben
- Das Merck Blatt, Darmstadt, verschiedene Jahrgänge
- Die Landwirtschaft im Großherzogtum Hessen. Rückblick auf die Tätigkeit der landwirtschaftlichen Vereine von 1882 – 1906 und Bericht der Landwirtschaftskammer für das Großherzogtum Hessen für die erste Wahlperiode 1907 – 1911, Darmstadt, 1912
- Dieterich, Julius Reinhard; Faber, Georg; Götze, Alfred: Flurnamenbuch des Volksstaats Hessen, Gießen, 1930
- Engels, Peter: Zur Geschichte des Oberfeldes, Vortragsmanuskript, Darmstadt, 2005
- Ernährungsrundbrief, Bad Vilbel, 2009
- Esselborn, Karl: Darmstädter Erinnerungen, Darmstadt, 1924
- Feldstrafgesetz f. d. Großherzogtum Hessen nebst der Instruktion für den Feldschützen und den über das Verfahren in Feldstrafsachen u. den Vollzug der Feldstrafen zu erlassenden Bestimmungen, Darmstadt, 1861
- Franz, Eckhart G.: Vom Hoftheater zum Haus der Geschichte, Darmstadt, 1994
- Grzimek, Günther: Grünplanung Darmstadt, Darmstadt, 1965
- Hahn, Walter: Die Namen der Gemarkung Darmstadt, Gießen, 1932
- HEAG Südhessische Energie AG (HSE): 150 Jahre Gas – 125 Jahre Wasser in Darmstadt und Region, Darmstadt, 2005
- Helfmann, Alfred; Lang, Rolf; Zimmer, Martin; Zimmer, Werner (Hrsg.): 400 Jahre Darmstädter Martinsviertel, Darmstadt, 1989
- Hessisches Ministerium für Landesentwicklung, Umwelt, Landwirtschaft und Forsten: Agrarstrukturelle Vorplanung Stadt Darmstadt, Darmstadt, 1982

- Hessisches Staatsarchiv Darmstadt: »… so viel an Arbeitsleistung herauszuholen, als nur irgend möglich ist«, Darmstadt, 2002
- Historischer Verein für Hessen (Hrsg.): Stadtlexikon Darmstadt, Stuttgart, 2006
- Hof- und Staatshandbuch d. Großherzogtums Hessen für das Jahr 1835, Darmstadt, 1835
- Honold, Klaus: Darmstadt im Feuersturm, Gudensberg, 2004
- Initiative Domäne Oberfeld e.V.: Historische Hofmeierei und Oberfeld – eine Domäne für Darmstadt – Denkschrift, Darmstadt, 2004
- Karte der Umgegend von Darmstadt in das trigonomische Netz der allgemeinen Landesvermessung aufgenommen von dem Großherzoglich Hessischen Generalquartiermeisterstab, aufgenommen 1830 – 1843, lithografiert 1852 / 1853, Blatt Roßdorf
- Knodt, Manfred: Die Regenten von Hessen-Darmstadt, Darmstadt, 1976
- Linz, Ferdinand: Darmstadt und seine Umgebungen – Ein Führer für Einheimische und Fremde, Darmstadt, 1836, 1
- Lohnbuch Hofmeierei Darmstadt vom 30.12.1945 bis 31.12. 1978
- Lortz, Helmut: Blickpunkt Darmstadt, Darmstadt, o. J.
- Magistrat der Stadt Darmstadt: Dienstanweisung für den Feld- und Anlagenschutz, Darmstadt, 1978
- Magistrat der Stadt Darmstadt: Stadtentwicklungsprogramm Grün- und Freiflächen, Darmstadt, 1979
- Müller, Adolf: Aus Darmstadts Vergangenheit, Frankfurt/M., 1979
- Naturschutzbund Deutschland e.V. (Hrsg.): Feldvögel – Kulturfolger der Landwirtschaft, Berlin, o. J.
- Naturschutzbund Deutschland e.V. (Hrsg.): Vögel der Agrarlandschaft, Bonn, 2004
- Regierungspräsidium Darmstadt: Stellungnahme über den Pachtwert der Hessischen Staatsdomäne Hofmeierei in Darmstadt, Darmstadt, o. J.
- Rösener, Werner: Einführung in die Agrargeschichte, Darmstadt, 1997
- Rundbriefe der Initiative Domäne Oberfeld, verschiedene Jahrgänge
- Schmidt, Klaus: Die Brandnacht, Darmstadt, 2003
- Schneider, Robert, Darmstädterisches, Darmstadt, 1972 (orthografische Aktualisierung von Iris Stromberger)
- Seniorenrat: Erlebte Vergangenheit – Darmstädter Bürger erzählen, Darmstadt, 1986
- Stieniczka, Norbert: Die Vermögensauseinandersetzung des Volksstaates Hessen und seiner Rechtsnachfolger mit der ehemals großherzoglichen Familie 1918 – 1953, Darmstadt, 1997
- Taut, Heinz: Die ländliche Verfassung im Gebiete der ehemaligen Obergrafschaft Katzenellenbogen während des 18. und zu Beginn des 19. Jahrhunderts, Frankfurt/M., 1930
- Topografische Karte Großherzogliches Katasteramt, Blatt Roßdorf, 1889

- Übersicht der Darmstädter Flurbezeichnungen um 1925 – 1932 mit dazugehörigen Flurkarten Nr. 10, 26, 27, 28
- Verordnung betreffend die Verpflichtung der Untertanen zur Anpflanzung junger Obstbäume und Strafe derjenigen die Obstbäume beschädigen, Darmstadt, 1716
- Wagner, Georg Wilhelm Justin: Geschichte und Beschreibung von Darmstadt und seinen nächsten Umgebungen, von den ältesten bis auf die neuesten Zeiten, Darmstadt, 1840
- Wagner, Paul Prof. Dr.: Bericht über Arbeiten der landwirtschaftlichen Versuchs- und Auskunfts-Station für das Großherzogtum Hessen zu Darmstadt, Darmstadt, 1874
- Wagner, Paul Prof. Dr.: Die rationelle Düngung der landwirtschaftlichen Kulturpflanzen, Darmstadt, 1891
- Wissenschaftsstadt Darmstadt (Hrsg.), Denkmalschutzbehörde: Denkmaltopographie Bundesrepublik Deutschland – Kulturdenkmäler in Hessen, Stadt Darmstadt, Braunschweig, Wiesbaden, 1994, CD
- Wissenschaftsstadt Darmstadt – Grünflächen- und Umweltamt: Landschaftsplan Darmstadt – Kurzfassung, Darmstadt, 2004
- Zimmer, Susanne: Aktuelle Bodenfruchtbarkeit auf dem Oberfeld und nachhaltiges Meliorationspotential durch die Umstellung auf biologisch-dynamische Landwirtschaft, Heidelberg, 2008

# Bildnachweis

- Seite 7, 40, 65, 84, 88, 96, 111, 112, 114, 116, 118 unten, 126:
  Wolfgang Hertling
- Seite 8, 11, 13, 17, 18 rechts, 19, 22, 25, 33, 35, 38, 41, 43, 50, 54, 58, 70, 71, 72, 73, 74, 75, 76, 77, 81, 82, 86, 87, 93, 95, 97, 98, 101, 102, 103, 104, 105, 109, 110, 124, 125 rechts, 137:
  Karin Walz
- Seite 15, 21, 23, 28, 30, 32, 39, 46, 48, 121:
  Stadtarchiv der Stadt Darmstadt
- Seite 18 links, 55, 56, 57, 60, 64, 99, 107, 118 oben, 119, 122, 125 links, 128, 129, 132:
  Ingrid Keller
- Seite 20: Nikolaus Heiss
- Seite 26, 49, 59, 61, 66, 67, 68, 78, 80, 85, 90, 117, 134:
  Wolfgang Heine
- Seite 29, 47, 120: Universitäts- und Landesbibliothek Darmstadt
- Seite 36: Darmstädter Echo (Luftaufnahme 10.5.1966), Fotograf: Walter Ludwig
- Seite 44, 45: Tanja Baer
- Seite 51, 60: Logos gestaltet von Silke Peters, sweetwater visuelle kommunikation, Darmstadt
- Seite 52, 83: Wolfgang Schindler
- Seite 53: dpa/picture alliance
- Seite 63: Klaus Plischke
- Seite 100: S. Ott, tierfotoagentur.de
- Seite 106: Christian Grau
- Seite 108: Claus Völker
- Seite 123: Bernhard Meinzinger
- Seite 127: Joseph Beuys: Der Unbesiegbare, 1963, Block Beuys, Hessisches Landesmuseum Darmstadt, Foto: Wolfgang Fuhrmannek (© VG Bild-Kunst Bonn 2010)
- Seite 131: Günter Claus (© Vera Röhm)
- Seite 133: Günther Jockel

- Kartografische Arbeiten (Seite 37, 115): Ingrid Keller

- Titelfotos: Wolfgang Hertling, Karin Walz, Ingrid Keller

- Foto Buchrückseite: Karin Walz

**Wir engagieren uns noch stärker für den Klimaschutz!**

Seit mehr als 15 Jahren drucken wir unsere Bücher weitestgehend auf Recyclingpapier und versuchen damit, eine ressourcenschonende und umweltfreundliche Buchproduktion zu ermöglichen.

In den letzten Jahren ist der Klimawandel mit seinen weitreichenden Folgen für uns und vor allem unsere nachfolgenden Generationen immer mehr zum Thema geworden. Die Auswirkungen sind bereits jetzt spürbar – Wetterextreme, sich verschiebende Jahreszeiten, Erderwärmung. Auch wenn diese Entwicklungen nicht mehr völlig aufzuhalten sind, müssen wir – auch als Verlag – aktiv werden.

Die *freiburger graphische betriebe*, die Druckerei, in der unsere Bücher produziert werden, beteiligen sich an der Klimainitiative der Druck- und Medienverbände Deutschland und bieten die Möglichkeit, Buchproduktionen klimaneutral herstellen zu lassen.

»Klimaneutral« bedeutet den Ausgleich von Treibhausgasen bzw. die Neutralisation durch die Einsparung einer bestimmten $CO_2$-Menge an anderer Stelle. Da die Wirkungen des Treibhauseffektes global schädigen, ist es irrelevant, an welchem Ort der Welt Emissionen entstehen und wo sie dann letztendlich eingespart werden. Der gesamte Prozess des Ausgleiches von Treibhausgasen basiert auf dem Kyoto-Protokoll von 1997.

Wir haben nun die Möglichkeit, für jedes Druckprodukt den genauen Wert des $CO_2$-Ausstoßes, der auf den Produktionsprozess in der Druckerei und deren Materialeinsatz zurückzuführen ist, zu ermitteln. Mit Hilfe eines vom Bundesverband der deutschen Druckindustrie entwickelten Rechners, mit dem viele Faktoren erfasst werden – Energieverbrauch, Farbe, Papier, Transportwege oder Einsatz von Personal – wird am Ende der Buchproduktion ein Wert ermittelt, der die relevante Wertschöpfungskette für die technische Herstellung des Buchs umfasst und den durch die Produktion verursachten $CO_2$-Ausstoß nachweist.

Für diesen Wert bezahlen wir als Verlag einen Ausgleich, der dann in anerkannte und zertifizierte Klimaschutzprojekte fließt. Die Zertifizierung erfolgt durch die Organisation *firstclimate* (www.firstclimate.com) und wird durch das Logo »Print $CO_2$-geprüft« angezeigt.

**Die aus dem Druck dieses Buchs resultierende Klimaabgabe fließt in ein Windparkprojekt in der Marmara-Region in der Türkei.**

Das Projektgebiet liegt in der Marmara-Region an einem Höhenrücken etwa 350 m über Meereshöhe, nahe der Dörfer Elbasan und Çatalca unweit Istanbuls. Im Rahmen des Projekts werden 20 Windenergieanlagen mit einer Nennleistung von je 3 MW errichtet.

# Andere Bücher aus dem pala-verlag

Irmela Erckenbrecht /
Rainer Lutter:
**Sichtschutz im
lebendigen Garten**
ISBN: 978-3-89566-268-3

Wolf Richard Günzel:
**Der hummelfreundliche
Garten**
ISBN: 978-3-89566-276-8

Irmela Erckenbrecht:
**Neue Ideen für
die Kräuterspirale**
ISBN: 978-3-89566-240-9

Ulrike Aufderheide:
**Rasen und Wiesen
im naturnahen Garten**
ISBN: 978-3-89566-274-4

Werner David:
**Von Fallenstellern
und Liebesschwindlern**
ISBN: 978-3-89566-267-6

Wolf Richard Günzel:
**Das Insektenhotel**
ISBN: 978-3-89566-234-8

Gesamtverzeichnis bei: pala-verlag • Postfach 11 11 22 • 64226 Darmstadt • www.pala-verlag.de

ISBN: 978-3-89566-280-5
© 2010: pala-verlag,
Rheinstraße 35, 64283 Darmstadt
www.pala-verlag.de

Alle Rechte vorbehalten

Lektorat: Wolfgang Hertling

Druck: fgb • freiburger graphische betriebe
www.fgb.de
Printed in Germany

Dieses Buch ist klimaneutral produziert.